W0057532

Herausgegeben von Florian Radvan und Anne Steiner

Friedrich Schiller

Wilhelm Tell

Schauspiel

Bearbeitet von Toka-Lena Rusnok

Literathek

Friedrich Schiller **Wilhelm Tell**

Redaktion Mareike Zastrow

Layout und technische Umsetzung Buchgestaltung + Berlin

Umschlaggestaltung HOX designgroup, Kay Bach, Köln

Bildquellen Interfoto, Sammlung Rauch (S. 6)
Arkivi/© arkivi UG All Rights Reserved (S. 148)

www.cornelsen.de

Dieses Werk berücksichtigt die Regeln der reformierten Rechtschreibung und Zeichensetzung. Ausnahmen bilden Originaltexte, bei denen lizenzrechtliche Gründe einer Änderung entgegenstehen.

1. Auflage, 1. Druck 2014

Alle Drucke dieser Auflage sind inhaltlich unverändert und können im Unterricht nebeneinander verwendet werden.

Druck: Stürtz GmbH, Würzburg

ISBN 978-3-06-060517-0

PEFC zertifiziert
Dieses Produkt stammt aus nachhaltig bewirtschafteten Wäldern und kontrollierten Quellen.

www.pefc.de

PEFC/04-31-1404

Inhalt

Kurzbiografie

Friedrich Schiller

»Ein seltsamer Missverstand der Natur hat mich [...] zum Dichter verurteilt. [...] Acht Jahre lang rang mein Enthusiasmus mit der militärischen Regel; aber meine Leidenschaft für die Dichtkunst ist feurig und stark, wie die erste Liebe. Was sie ersticken sollte, fachte sie an. Verhältnissen zu entfliehen, die mir zur Folter waren, schweifte mein Herz in eine Idealenwelt aus [...].« (Schiller 2004, S. 855).

Die »Idealenwelt«, von der Friedrich Schiller hier spricht, ist die Welt der *Räuber,* seines ersten Theaterstücks. Dass er schreibend rebellierte, machte ihn schon zu Lebzeiten berühmt. Über 200 Jahre nach seinem Tod gilt Friedrich Schiller immer noch als einer der bedeutendsten deutschen Dichter. Seine Stücke werden bis heute an vielen Theatern gespielt.

Geboren wurde Friedrich Schiller am 10. November 1759 in der württembergischen Kleinstadt Marbach. Sein Vater war wegen finanzieller Schwierigkeiten gezwungen, als Offizier in der Armee des württembergischen Herzogs Karl Eugen zu dienen. Um seinem Sohn eine bessere Zukunft zu ermöglichen, kümmerte er sich intensiv um dessen Ausbildung. Der junge Friedrich besuchte zunächst eine Elementarschule und erhielt anschließend privaten Lateinunterricht bei Philipp Ulrich Moser, einem Pfarrer. Dessen Persönlichkeit scheint den jungen Schiller so stark beeindruckt zu haben, dass er zunächst selbst Pfarrer werden wollte. Die Eltern begrüßten diesen Wunsch, vor allem die Mutter, die sehr gläubig war.

1767 wurde Schillers Vater nach Ludwigsburg versetzt, weshalb die Familie umziehen musste. In dieser Zeit entdeckte der junge Friedrich seine Leidenschaft für das Theater, da die Familie zu den Aufführungen am Ludwigsburger Hoftheater freien Zutritt hatte. Die Inszenierungen, die sich der jugendliche Schiller gemeinsam mit seinem Vater ansah, brachten ihn auf die Idee, selbst Theaterstücke zu schreiben, die er dann mit Papierpuppen oder im Rollenspiel mit Freunden aufführte. In Ludwigsburg besuchte Schiller zunächst die Lateinschule, weil er später am Tübinger Stift zum Pfarrer ausgebildet werden sollte. Wegen seiner guten Leistungen wurde er Herzog Karl Eugen gemeldet. Dieser hatte 1770 die »Militär-Pflanzschule« (später »Hohe Karlsschule«) gegründet, an der begabte Söhne mittelloser Offiziere kostenlos eine umfassende Ausbildung erhielten, die eine spätere Anstellung in herzoglichen Diensten garantierte. Obwohl Schiller andere berufliche Pläne hatte und auch die Eltern Einwände vorbrachten, wurde er dort als Vierzehnjähriger eingeschult. Die Schüler waren einem strengen Regiment und der absoluten Kontrolle des Herzogs unterworfen. Sie mussten Uniform und Perücke tragen, hatten keine Ferien und kaum Kontakt nach außen. In den Erinnerungen an seine Schulzeit beklagt Schiller den Verlust der persönlichen Freiheit; »eiserne Stäbe« hätten ihn von der »wirklichen Welt« getrennt (Schiller 2004, S. 855). Doch wurden die Schüler an der »Militär-Pflanzschule« in vielen Fächern umfassend gebildet. Sie lernten Zeichnen, Musizieren, Tanzen, Reiten und Fechten und konnten später wie an einer Universität Studienfächer belegen. Schiller studierte hier zunächst Jura und ab 1776 Medizin.

Sein Philosophielehrer Jakob Friedrich Abel machte ihn in dieser Zeit mit der Literatur des englischen Schriftstellers William Shakespeare vertraut, der mit seiner Abkehr von den strengen Regeln des Dramenaufbaus für viele Schriftsteller stilbildend wurde. Beeinflusst vor allem durch die Lyrik Friedrich Gottlieb Klopstocks, verfasste Schiller nun auch selbst Gedichte. Eines davon, *Der Abend*, konnte er im *Schwäbischen Magazin* veröffentlichen. Ebenfalls angeregt von Abel setzte sich Schiller mit den Ideen der Aufklärung auseinander. Mit dieser geistigen Strömung, die das 17. und vor allem das 18. Jahrhundert prägte, wurden religiöse Festlegungen hinterfragt und damit auch die »gottgegebene« Macht der absolutistischen Herrscher. Der Mensch sollte Erkenntnisse gewinnen, indem er Gebrauch von seiner Vernunft machte.

Die Aufklärung hat Schillers schriftstellerische Arbeit entscheidend geprägt. In vielen seiner Werke geht es um die Frage, wie der Mensch persönliche Freiheit erlangen und diese gestalten kann. Immer wieder war Schiller selbst im Laufe seines Lebens von Einschränkungen der Freiheit betroffen – sei es als Schüler durch den militärischen Drill an der Karlsschule oder als Dichter durch die staatliche Kontrolle (Zensur) seiner Werke. Die Auflehnung gegen Unterdrückung und die Bedeutung persönlicher Freiheit wurde zum Thema seines ersten Theaterstücks, *Die Räuber.* Geschrieben hat es Schiller während der Nachtwachen, die er nach Abschluss seines Medizinstudiums als Krankenwärter hielt. Das Stück wurde 1782 am Mannheimer Theater uraufgeführt und war auf Anhieb ein Erfolg. Als Herzog Karl Eugen Schiller jedoch mit Verweis auf seine künftige Anstellung als Armeearzt jede nicht-medizinische Schriftstellerei verbot, flüchtete der junge Dichter nach Mannheim, das zu Kurpfalz-Bayern gehörte. Dort hoffte er vor dem Zugriff des Herzogs sicher zu sein und endlich einer schriftstellerischen Tätigkeit nachgehen zu können. Dabei plagten ihn immer wieder finanzielle Nöte. Stark verschuldet fand er schließlich Zuflucht auf dem Landgut einer wohlhabenden Förderin und konnte dort seine Schreibtätigkeit fortsetzen. 1783 bekam Schiller die Möglichkeit, als Autor am Mannheimer Theater zu arbeiten, an dem er sein neues Stück, *Die Verschwörung des Fiesco zu Genua,* 1784 uraufführen ließ. Vor allem mit *Kabale und Liebe,* das Schiller im selben Jahr fertigstellte, feierte er schließlich erste Erfolge. Der große Durchbruch blieb allerdings aus; zudem erkrankte Schiller schwer an Malaria und wurde als Theaterdichter in Mannheim entlassen. Ohne Engagement und hoch verschuldet geriet Schiller in Existenznot, aus der ihm schließlich Bewunderer in Leipzig halfen. Vor allem von Christian Gottfried Körner, mit dem er sein ganzes Leben freundschaftlich verbunden blieb, wurde er finanziell unterstützt. 1785 zog Schiller nach Leipzig, wo er die literarische Zeitschrift *Rheinische Thalia* herausgab. Zugleich vollendete er das Drama *Don Karlos,* das 1787 im Hamburg uraufgeführt wurde.

Im selben Jahr zog Schiller nach Weimar. Dort hatte Herzog Karl August – beeinflusst von den Ideen der Aufklärung – die Verwaltung seines Staates modernisiert und unterstützte Künstler und Schriftsteller. Der bekannteste von ihnen, Johann Wolfgang Goethe, der dort als Staatsminister tätig war, hielt sich zunächst von Schiller fern. 1789 wurde Schiller, der sich zunehmend für historische Fragestellungen interessierte, auf eine unbezahlte Professur für Philosophie und später Geschichte nach Jena berufen. Im selben Jahr brach in Frankreich die Revolution aus. Im Zuge dieser gesellschaftlich-politischen Umwälzung wurde mit den alten Vorrechten von Adel und Kirche gebrochen und die Macht in die Hände des Volkes gelegt. Im Gegensatz zu vielen Zeitgenossen, die den Ausbruch der Revolution begeistert feierten, beobachtete Schiller die Ereignisse zunächst jedoch abwartend.

1790 heiratete er Charlotte von Lengefeld und bekam durch Herzog Karl August ein jährliches Gehalt bewilligt. Der Ausbruch einer schweren Lungenkrankheit, von der sich Schiller nie mehr ganz erholte, zwang ihn zur Aufgabe der Lehrtätigkeit an der Universität in Jena. Finanziell unterstützt vom dänischen Prinzen Friedrich Christian, kehrte Schiller zu seiner literarischen Schreibtätigkeit zurück. Im Rahmen seiner Arbeit beschäftigte er sich immer wieder mit der Frage der Selbstbestimmung des Menschen.

Als Goethe sich zur Mitarbeit an der von Schiller herausgegebenen Zeitschrift *Die Horen* bereit erklärte, kamen sich die beiden näher. In Frankreich hatten inzwischen die Jakobiner die

Macht übernommen. Diese radikal gesinnten Revolutionäre hatten König Ludwig XVI. abgesetzt und schließlich öffentlich hinrichten lassen. Im Zuge ihrer Schreckensherrschaft wurden politische Gegner schaarenweise verfolgt und ermordet. Das führte bei vielen Menschen in Europa zu einer ablehnenden Haltung gegenüber der Französischen Revolution. Auch Schiller und Goethe verurteilten die Gewalt. In ihren Gesprächen und Texten gingen sie der Frage nach, inwieweit der Mensch durch den Einfluss von Literatur und Kunst verändert werden kann. Der Mensch sollte sich – so Schiller in seinen Briefen *Über die ästhetische Erziehung* (1795) – durch die zweckfreie Beschäftigung mit Kunst und Schönheit selbst erfahren. Dadurch würde er zu persönlicher Freiheit und schließlich auch politischer Freiheit gelangen. Diese Frage nach der Befähigung des Menschen zur Freiheit gehört zu den Grundthemen der Literaturepoche der Weimarer Klassik, die von Goethe und Schiller maßgeblich geprägt wurde.

1799 kehrte Schiller mit seiner Familie von Jena nach Weimar zurück und war gemeinsam mit Goethe als Direktor am dortigen Hoftheater tätig. Beide arbeiteten bei Proben und Aufführungen eng zusammen. In kurzen Abständen schrieb Schiller Theaterstücke, die in Weimar und Leipzig uraufgeführt wurden: *Maria Stuart* (1800), die *Jungfrau von Orleans* (1801) und *Die Braut von Messina* (1803). Die Auseinandersetzung mit historischen und politischen Ereignissen vertiefte Schiller in seinem letzten Theaterstück *Wilhelm Tell,* mit dem er noch einmal sein Können beweisen wollte: »Wenn mir die Götter günstig sind, das auszuführen, was ich im Kopfe habe, so soll es ein mächtiges Ding werden und die Bühnen von Deutschland erschüttern« (Schiller an C. G. Körner. In: Safranski 2004, S. 489).

Bereits ab 1802 hatte sich Schiller mit dem Tell-Stoff beschäftigt. Dies war u. a. einem allgemein aufkeimenden Interesse an der politischen Lage der Schweiz geschuldet, weil Napoleons Armeen dort einmarschiert waren. Zur Aneignung des Stoffes las Schiller u. a. Bücher über die Geschichte der Schweiz, zahlreiche Schweizer Reisebeschreibungen und stattete sein gesamtes Zimmer mit (historischen) Landkarten aus, sodass er ein sehr genaues Bild von den historischen und geografischen Gegebenheiten des Schweizer Aufstandes erhielt. Auf diese Weise vollendete er das Drama in kürzester Zeit. 1804 wurde der *Wilhelm Tell* in Weimar uraufgeführt und vom Publikum begeistert gefeiert.

Nach der Uraufführung des *Wilhelm Tell* verschlechterte sich Schillers Gesundheitszustand zunehmend, sodass er das begonnene Drama *Demetrius* nicht mehr vollenden konnte. Am 9. Mai 1805 starb er in Weimar an einer Lungenentzündung.

Literatur

Mai, Manfred: »Was macht den Menschen zum Menschen?«
Friedrich Schiller – Eine Biographie.
München, Wien: Hanser Verlag 2004.

Safranski, Rüdiger. Schiller oder Die Erfindung des Deutschen
Idealismus. München, Wien: Hanser Verlag 2004.

Schiller, Friedrich: Erzählungen, Theoretische Schriften. Sämtliche Werke.
Band 5. München: Deutscher Taschenbuch Verlag 2004.

Unterberger, Rose: Friedrich Schiller. Orte und Bildnisse.
Ein biographisches Bilderbuch. Stuttgart: Kohlhammer 2008.

Venzke, Andreas: Schiller und die Freiheit des Geistes.
Würzburg: Arena 2009.

Friedrich Schiller

Wilhelm Tell

Schauspiel

Zum Neujahrsgeschenk auf 1805

Personen

Hermann Geßler, Reichsvogt in Schwyz und Uri
Werner, Freiherr von Attinghausen, Bannerherr
Ulrich von Rudenz, sein Neffe

Landleute aus der Schwyz:
Werner Stauffacher
Konrad Hunn
Itel Reding
Hans auf der Mauer
Jörg im Hofe
Ulrich der Schmied
Jost von Weiler

Landleute aus Uri:
Walter Fürst
Wilhelm Tell
Rösselmann, der Pfarrer
Petermann, der Sigrist
Kuoni, der Hirte
Werni, der Jäger
Ruodi, der Fischer

Landleute aus Unterwalden:
Arnold von Melchthal
Konrad Baumgarten
Meier von Sarnen
Struth von Winkelried
Klaus von der Flüe
Burkhardt am Bühel
Arnold von Sewa

Pfeiffer von Luzern
Kunz von Gersau
Jenni, Fischerknabe
Seppi, Hirtenknabe
Gertrud, Stauffachers Gattin
Hedwig, Tells Gattin, Fürsts Tochter
Berta von Bruneck, eine reiche Erbin

Armgards
Mechthild
Elsbet } Bäuerinnen
Hildegard

Walter
Wilhelm } Tells Knaben

Frießhardt
Leuthold } Söldner

Rudolf der Harras, Geßlers Stallmeister
Johannes Parricida, Herzog von Schwaben
Stüssi, der Flurschütz
Stier von Uri
ein Reichsbote
Fronvogt
Meister Steinmetz
Gesellen und Handlanger
Öffentlicher Ausrufer
Barmherzige Brüder
Geßlerische und Landenbergische Reiter
Viele Landleute, Männer und Weiber aus
den Waldstätten

Erster Aufzug

Erste Szene

Vierwaldstätten-
see:
ältere Bezeich-
nung für den
Vierwaldstätter-
see

Matte:
Bergwiese

Schwyz:
Kanton/Tal-
gemeinde in der
Schweiz

Haken:
Berg im Kanton
Schwyz

Hohes Felsenufer des Vierwaldstättensees, Schwyz gegenüber

*Der See macht eine Bucht ins Land, eine Hütte ist unweit
dem Ufer, Fischerknabe fährt sich in einem Kahn. Über den
See hinweg sieht man die grünen Matten, Dörfer und Höfe
von Schwyz im hellen Sonnenschein liegen. Zur Linken des
Zuschauers zeigen sich die Spitzen des Haken, mit Wolken
umgeben; zur Rechten im fernen Hintergrund sieht man die
Eisgebirge. Noch ehe der Vorhang aufgeht, hört man den
Kuhreihen und das harmonische Geläut der Herdenglocken,
welches sich auch bei eröffneter Szene noch eine Zeit lang
fortsetzt.*

Fischerknabe *(singt im Kahn):*
(Melodie des Kuhreihens)
Es lächelt der See, er ladet zum Bade,

Gestade:
Ufer

Der Knabe schlief ein am grünen Gestade,
    Da hört er ein Klingen,
    Wie Flöten so süß,
    Wie Stimmen der Engel
    Im Paradies.   5
Und wie er erwachet in seliger Lust,
Da spülen die Wasser ihm um die Brust,
    Und es ruft aus den Tiefen:
    Lieb Knabe, bist *mein!*   10
    Ich locke den Schläfer,
    Ich zieh ihn herein.

Hirte *(auf dem Berge)*:
(Variation des Kuhreihens)
    Ihr Matten, lebt wohl!
    Ihr sonnigen Weiden!
15   Der Senne muss scheiden,
    Der Sommer ist hin.
Wir fahren zu Berg, wir kommen wieder,
Wenn der Kuckuck ruft, wenn erwachen die Lieder,
Wenn mit Blumen die Erde sich kleidet neu,
20 Wenn die Brünnlein fließen im lieblichen Mai.
    Ihr Matten lebt wohl,
    Ihr sonnigen Weiden!
    Der Senne muss scheiden,
    Der Sommer ist hin.

Alpenjäger *(erscheint gegenüber auf der Höhe des Felsen)*:
(Zweite Variation)
25 Es donnern die Höhen, es zittert der Steg,
Nicht grauet dem Schützen auf schwindlichtem Weg,
    Er schreitet verwegen
    Auf Feldern von Eis,
    Da pranget kein Frühling,
30   Da grünet kein Reis;
Und unter den Füßen ein neblichtes Meer,
Erkennt er die Städte der Menschen nicht mehr,
    Durch den Riss nur der Wolken
    Erblickt er die Welt,
35   Tief unter den Wassern
    Das grünende Feld.
(Die Landschaft verändert sich, man hört ein dumpfes Krachen von den Bergen, Schatten von Wolken laufen über die Gegend.)
(Ruodi, der Fischer kommt aus der Hütte. Werni, der Jäger steigt vom Felsen. Kuoni, der Hirte kommt, mit dem Melknapf auf der Schulter. Seppi, sein Handbube, folgt ihm.)

Senne:
Hirte

scheiden:
hier (weg-/
heim-) gehen

Reis:
Zweig

Naue:
kleines Boot

der graue Talvogt:
Sturmwind

Firn:
alter, körniger
Schnee

Mythenstein:
großer Felsblock
am Vierwald-
stättersee

Wächter:
Name für einen
Hirtenhund

Lug:
Sieh nach

mir zugezählt:
zu mir gehörend

Ruodi: Mach hurtig, Jenni. Zieh die Naue ein.
Der graue Talvogt kommt, dumpf brüllt der Firn,
Der Mythenstein zieht seine Haube an
Und kalt her bläst es aus dem Wetterloch, 40
Der Sturm, ich mein, wird da sein, eh' wir's denken.
Kuoni: 's kommt Regen, Fährmann. Meine Schafe fressen
Mit Begierde Gras und Wächter scharrt die Erde.
Werni: Die Fische springen und das Wasserhuhn
Taucht unter. Ein Gewitter ist im Anzug. 45
Kuoni *(zum Buben)*:
Lug, Seppi, ob das Vieh sich nicht verlaufen.
Seppi: Die braune Lisel kenn ich am Geläut.
Kuoni: So fehlt uns keine mehr, die geht am weitsten.
Ruodi: Ihr habt ein schön Geläute, Meister Hirt.
Werni:
Und schmuckes Vieh – Ist's Euer eignes, Landsmann? 50
Kuoni: Bin nit so reich – 's ist meines gnäd'gen Herrn,
Des Attinghäusers, und mir zugezählt.
Ruodi: Wie schön der Kuh das Band zu Halse steht.
Kuoni: Das weiß sie auch, dass sie den Reihen führt,
Und nähm ich ihr's, sie hörte auf zu fressen. 55
Ruodi: Ihr seid nicht klug! Ein unvernünft'ges Vieh –
Werni: Ist bald gesagt. Das Tier hat auch Vernunft,
Das wissen *wir*, die wir die Gemsen jagen,
Die stellen klug, wo sie zur Weide gehn,
'ne Vorhut aus, die spitzt das Ohr und warnet 60
Mit heller Pfeife, wenn der Jäger naht.
Ruodi *(zum Hirten)*:
Treibt Ihr jetzt heim?
Kuoni: Die Alp ist abgeweidet.
Werni: Glücksel'ge Heimkehr, Senn!
Kuoni: Die wünsch ich Euch,
Von Eurer Fahrt kehrt sich's nicht immer wieder.
Ruodi: Dort kommt ein Mann in voller Hast gelaufen. 65

Werni: Ich kenn ihn, 's ist der Baumgart von Alzellen.

(Konrad Baumgarten atemlos hereinstürzend)

Baumgarten: Um Gottes willen, Fährmann, Euren Kahn!

Ruodi: Nun, nun, was gibt's so eilig?

Baumgarten: Bindet los!

Ihr rettet mich vom Tode! Setzt mich über!

Kuoni: Landsmann, was habt Ihr?

70 **Werni:**   Wer verfolgt Euch denn?

Baumgarten *(zum Fischer)*:

Eilt, eilt, sie sind mir dicht schon an den Fersen!

Des Landvogts Reiter kommen hinter mir,

Ich bin ein Mann des Tods, wenn sie mich greifen.

Ruodi: Warum verfolgen Euch die Reisigen?

Baumgarten:

75 Erst rettet mich und dann steh ich Euch Rede.

Werni: Ihr seid mit Blut befleckt, was hat's gegeben?

Baumgarten:

Des Kaisers Burgvogt, der auf Rossberg saß –

Kuoni: Der Wolfenschießen? Lässt Euch *der* verfolgen?

Baumgarten:

Der schadet nicht mehr, ich hab ihn erschlagen.

Alle *(fahren zurück)*:

80 Gott sei Euch gnädig! Was habt Ihr getan?

Baumgarten: Was jeder freie Mann an meinem Platz!

Mein gutes Hausrecht hab ich ausgeübt

Am Schänder meiner Ehr und meines Weibes.

Kuoni: Hat Euch der Burgvogt an der Ehr geschädigt?

85 **Baumgarten:** Dass er sein bös Gelüsten nicht vollbracht,

Hat Gott und meine gute Axt verhütet.

Werni: Ihr habt ihm mit der Axt den Kopf zerspalten?

Kuoni: O, lass uns alles hören, Ihr habt Zeit,

Bis er den Kahn vom Ufer losgebunden.

90 **Baumgarten:** Ich hatte Holz gefällt im Wald, da kommt

Mein Weib gelaufen in der Angst des Todes.

»Der Burgvogt liegt in meinem Haus, er hab

Alzellen:
Ort im Kanton
Unterwalden

Landvogt:
hier Lehnsherr;
Verwalter einer
Landvogtei im
Dienste
Österreichs

Reisige:
hier bewaffnete
Reiter des
Landvogts

Burgvogt:
hier Verwalter
einer Burg im
Dienste
Österreichs

Rossberg:
Name einer Burg

Hausrecht:
Recht, das dem
Hausherren im
Mittelalter in
seinem Haus die
Tötung desjeni-
gen erlaubte, der
eine verheiratete
Frau verführt,
genötigt oder
vergewaltigt hatte

Ihr anbefohlen ihm ein Bad zu rüsten.
Drauf hab er Ungebührliches von ihr
Verlangt, sie sei entsprungen mich zu suchen.« 95
Da lief ich frisch hinzu, so wie ich war,
Und mit der Axt hab ich ihm's Bad gesegnet.
Werni:
Ihr tatet wohl, kein Mensch kann Euch drum schelten.
Kuoni: Der Wüterich! Der hat nun seinen Lohn!
Hats lang verdient ums Volk von Unterwalden. 100
Baumgarten:
Die Tat ward ruchbar, mir wird nachgesetzt –
Indem wir sprechen – Gott – verrinnt die Zeit –
(Es fängt an zu donnern.)
Kuoni:

Biedermann: Frisch, Fährmann – schaff den Biedermann hinüber.
ehrlicher/anstän- **Ruodi:** Geht nicht. Ein schweres Ungewitter ist
diger Mann Im Anzug. Ihr müsst warten.
Baumgarten: Heil'ger Gott! 105
Ich kann nicht warten. Jeder Aufschub tötet –
Kuoni *(zum Fischer)*:
Greif an mit Gott, dem Nächsten muss man helfen,
Es kann uns allen Gleiches ja begegnen.
(Brausen und Donnern)
Föhn: **Ruodi:** Der Föhn ist los, Ihr seht, wie hoch der See geht,
trockener, warmer Ich kann nicht steuern gegen Sturm und Wellen. 110
Wind
Baumgarten *(umfasst seine Knie)*:
So helf Euch Gott, wie Ihr Euch mein erbarmet –
Werni: Es geht ums Leben, sei barmherzig, Fährmann.
Kuoni: 's ist ein Hausvater und er hat Weib und Kinder!
(Wiederholte Donnerschläge)
Ruodi: Was? Ich hab auch ein Leben zu verlieren,
Hab Weib und Kind daheim, wie er – Seht hin, 115
Wie's brandet, wie es wogt und Wirbel zieht
Und alle Wasser aufrührt in der Tiefe.

– Ich wollte gern den Biedermann erretten,
Doch es ist rein unmöglich, Ihr seht selbst.
Baumgarten *(noch auf den Knien)***:**
120 So muss ich fallen in des Feindes Hand,
Das nahe Rettungsufer im Gesichte!
– Dort liegt's! Ich kann's erreichen mit den Augen,
Hinüberdringen kann der Stimme Schall,
Da ist der Kahn, der mich hinübertrüge,
125 Und muss hier liegen, hülflos, und verzagen!
Kuoni: Seht, wer da kommt!
Werni: Es ist der Tell aus Bürglen.
(Tell mit der Armbrust)
Tell: Wer ist der Mann, der hier um Hülfe fleht?
Kuoni: 's ist ein Alzeller Mann, er hat sein Ehr
Verteidigt und den Wolfenschieß erschlagen,
130 Des Königs Burgvogt, der auf Rossberg saß –
Des Landvogts Reiter sind ihm auf den Fersen,
Er fleht den Schiffer um die Überfahrt,
Der fürcht't sich vor dem Sturm und will nicht fahren.
Ruodi: Da ist der Tell, er führt das Ruder auch,
135 Der soll mir's zeugen, ob die Fahrt zu wagen.
Tell: Wo's Not tut, Fährmann, lässt sich alles wagen.
(Heftige Donnerschläge, der See rauscht auf.)
Ruodi: Ich soll mich in den Höllenrachen stürzen?
Das täte keiner, der bei Sinnen ist.
Tell: Der brave Mann denkt an sich selbst zuletzt,

brav:
hier tapfer, mutig

140 Vertrau auf Gott und rette den Bedrängten.
Ruodi: Vom sichern Port lässt sich's gemächlich raten,
Da ist der Kahn und dort der See! Versucht's!

Port:
Hafen

Tell: Der See kann sich, der Landvogt nicht erbarmen,
Versuch es, Fährmann!
Hirten und Jäger: Rett ihn! Rett ihn! Rett ihn!

Simons und Judä:
Kalendertag
(28. Oktober),
Anfang des
Winters, galt als
Unglückstag

145 **Ruodi:** Und wär's mein Bruder und mein leiblich Kind,
Es kann nicht sein, 's ist heut Simons und Judä,
Da rast der See und will sein Opfer haben.

mit eitler Rede:
mit unwichtigen
Worten

dringen:
hier drängen,
eilen

Tell: Mit eitler Rede wird hier nichts geschafft,
Die Stunde dringt, dem Mann muss Hülfe werden.
Sprich, Fährmann, willst du fahren?
Ruodi: Nein, nicht ich!   150
Tell: In Gottes Namen denn! Gib her den Kahn,
Ich will's mit meiner schwachen Kraft versuchen.
Kuoni: Ha, wackrer Tell!
Werni: Das gleicht dem Weidgesellen!
Baumgarten: Mein Retter seid Ihr und mein Engel, Tell!
Tell: Wohl aus des Vogts Gewalt errett ich Euch,   155
Aus Sturmes Nöten muss ein andrer helfen.
Doch besser ist's, Ihr fallt in Gottes Hand
Als in der Menschen!
(Zu dem Hirten)   Landsmann, tröstet Ihr
Mein Weib, wenn mir was Menschliches begegnet,
Ich hab getan, was ich nicht lassen konnte.   160
(Er springt in den Kahn.)
Kuoni *(zum Fischer)*:
Ihr seid ein Meister Steuermann. Was sich
Der Tell getraut, das konntet *Ihr* nicht wagen?
Ruodi: Wohl bessre Männer tun's dem Tell nicht nach,
Es gibt nicht zwei, wie der ist, im Gebirge.
Werni *(ist auf den Fels gestiegen)*:
Er stößt schon ab. Gott helf dir, braver Schwimmer!   165
Sieh, wie das Schifflein auf den Wellen schwankt!
Kuoni *(am Ufer)*:
Die Flut geht drüber weg – Ich sehs nicht mehr.
Doch halt, da ist es wieder! Kräftiglich
Arbeitet sich der Wackre durch die Brandung.
Seppi: Des Landvogts Reiter kommen angesprengt.   170
Kuoni: Weiß Gott, sie sind's! Das war Hülf in der Not.
(Ein Trupp landenbergischer Reiter)
Erster Reiter: Den Mörder gebt heraus, den ihr verborgen.

verhehlen:
verstecken

Zweiter: *Des* Wegs kam er, umsonst verhehlt ihr ihn.

Kuoni und Ruodi:
Wen meint ihr, Reiter?
Erster Reiter *(entdeckt den Nachen)***:**

Nachen:
kleines Boot

Ha, was seh ich! Teufel!
175 **Werni** *(oben)***:** Ist's der im Nachen, den ihr sucht? – Reit zu,
Wenn ihr frisch beilegt, holt ihr ihn noch ein.

Wenn ihr frisch
beilegt:
hier Wenn ihr
euch anstrengt

Zweiter:
Verwünscht! Er ist entwischt.
Erster *(zum Hirten und Fischer)***:** Ihr habt ihm fortgeholfen,
Ihr sollt uns büßen – Fallt in ihre Herde!
Die Hütte reißet ein, brennt und schlagt nieder! *(Eilen fort)*
Seppi *(stürzt nach)***:**
O meine Lämmer!
180 **Kuoni** *(folgt)***:**   Weh mir! Meine Herde!
Werni: Die Wütriche!
Ruodi *(ringt die Hände)***:** Gerechtigkeit des Himmels,
Wann wird der Retter kommen diesem Lande?
(Folgt ihnen)

Zweite Szene

Zu Steinen in Schwyz

*Eine Linde vor des Stauffachers Hause an der Landstraße,
nächst der Brücke, Werner Stauffacher, Pfeiffer von Luzern
kommen im Gespräch.*

Pfeiffer: Ja, ja, Herr Stauffacher, wie ich Euch sagte.
Schwört nicht zu Östreich, wenn Ihr's könnt vermeiden.

alte Freiheit:
hier Reichs-
unmittelbarkeit,
d. h., man unter-
steht direkt dem
Kaiser und hat
bestimmte
Freiheitsrechte

185 Haltet fest am Reich und wacker wie bisher,
Gott schirme Euch bei Eurer alten Freiheit!
(Drückt ihm herzlich die Hand und will gehen)
Stauffacher:
Bleibt doch, bis meine Wirtin kommt – Ihr seid
Mein Gast zu Schwyz, ich in Luzern der Eure.

Wirtin:
hier Ehefrau

Pfeiffer: Viel Dank! Muss heute Gersau noch erreichen.
– Was Ihr auch Schweres mögt zu leiden haben   190
Von Eurer Vögte Geiz und Übermut,
Tragt's in Geduld! Es kann sich ändern, schnell,
Ein andrer Kaiser kann ans Reich gelangen.
Seid Ihr erst Österreichs, seid Ihr's auf immer.
(Er geht ab. Stauffacher setzt sich kummervoll auf eine Bank
unter der Linde. So findet ihn Gertrud, seine Frau, die sich
neben ihn stellt und ihn eine Zeit lang schweigend betrach-
tet.)

Gertrud:
So ernst, mein Freund? Ich kenne dich nicht mehr.   195
Schon viele Tage seh ich's schweigend an,
Wie finstrer Trübsinn deine Stirne furcht.
Auf deinem Herzen drückt ein still Gebresten,
Vertrau es mir, ich bin dein treues Weib
Und meine Hälfte fodr' ich deines Grams.   200
(Stauffacher reicht ihr die Hand und schweigt.)
Was kann dein Herz beklemmen, sag es mir.
Gesegnet ist dein Fleiß, dein Glücksstand blüht,
Voll sind die Scheunen und der Rinder Scharen,
Der glatten Pferde wohlgenährte Zucht
Ist von den Bergen glücklich heimgebracht   205
Zur Winterung in den bequemen Ställen.
– Da steht dein Haus, reich, wie ein Edelsitz,
Von schönem Stammholz ist es neu gezimmert
Und nach dem Richtmaß ordentlich gefügt,
Von vielen Fenstern glänzt es wohnlich, hell,   210
Mit bunten Wappenschildern ist's bemalt
Und weisen Sprüchen, die der Wandersmann
Verweilend liest und ihren Sinn bewundert.
Stauffacher: Wohl steht das Haus gezimmert und gefügt,
Doch ach – es wankt der Grund, auf den wir bauten.   215
Gertrud: Mein Werner, sage, wie verstehst du das?

Gebresten:
Kummer

Stauffacher: Vor dieser Linde saß ich jüngst wie heut,
Das schön Vollbrachte freudig überdenkend,
Da kam daher von Küssnacht, seiner Burg,
220 Der Vogt mit seinen Reisigen geritten.
Vor diesem Hause hielt er wundernd an,
Doch ich erhub mich schnell und unterwürfig,
Wie sich's gebührt, trat ich dem Herrn entgegen,
Der uns des Kaisers richterliche Macht
225 Vorstellt im Lande. Wessen ist dies Haus?

vorstellen:
hier vertreten

Fragt' er bösmeinend, denn er wusst es wohl.
Doch schnell besonnen ich entgegn' ihm so:
Dies Haus, Herr Vogt, ist meines Herrn des Kaisers
Und Eures und mein Lehen – da versetzt er:

Lehen:
Besitz, der vom
Kaiser oder König
verliehen wird

230 »Ich bin Regent im Land an Kaisers statt
Und ich will nicht, dass der Bauer Häuser baue
Auf seine eigne Hand und also frei
Hinleb, als ob er Herr wär in dem Lande,
Ich werd mich unterstehn Euch das zu wehren.«

wehren:
verwehren

235 Dies sagend ritt er trutziglich von dannen,
Ich aber blieb mit kummervoller Seele,
Das Wort bedenkend, das der Böse sprach.

trutziglich:
hier aufgebracht,
trotzig

Gertrud: Mein lieber Herr und Ehewirt! Magst du
Ein redlich Wort von deinem Weib vernehmen?

Ehewirt:
Ehemann

240 Des edeln Ibergs Tochter rühm ich mich,
Des vielerfahrnen Manns. Wir Schwestern saßen,
Die Wolle spinnend, in den langen Nächten,
Wenn bei dem Vater sich des Volkes Häupter
Versammelten, die Pergamente lasen

245 Der alten Kaiser und des Landes Wohl
Bedachten in vernünftigem Gespräch.
Aufmerkend hört ich da manch kluges Wort,
Was der Verständ'ge denkt, der Gute wünscht,
Und still im Herzen hab ich mir's bewahrt.

Pergamente:
hier Dokumente,
mit denen der
Kaiser den
Schweizern
bestimmte Rechte
zugesteht
(»Freiheitsbrief«)

250 So höre denn und acht's auf meine Rede,
Denn was dich presste, sieh, das wusst ich längst.

– Dir grollt der Landvogt, möchte gern dir schaden,
Denn du bist ihm ein Hindernis, dass sich
Der Schwyzer nicht dem neuen Fürstenhaus
Will unterwerfen, sondern treu und fest   255
Beim Reich beharren, wie die würdigen

Altvordern:
Vorfahren — Altvordern es gehalten und getan. –
Ist's nicht so, Werner? Sag es, wenn ich lüge!

Stauffacher: So ist's, das ist des Geßlers Groll auf mich.

Gertrud: Er ist dir neidisch, weil du glücklich wohnst,   260
Ein freier Mann auf deinem eignen Erb,
– Denn er hat keins. Vom Kaiser selbst und Reich
Trägst du dies Haus zu Lehn, du darfst es zeigen,
So gut der Reichsfürst seine Länder zeigt,
Denn über dir erkennst du keinen Herrn   265

den höchsten in
der Christenheit:
den Kaiser des
Heiligen Römi-
schen Reiches
Deutscher Nation — Als nur den höchsten in der Christenheit –
Er ist ein jüngrer Sohn nur seines Hauses,
Nichts nennt er sein als seinen Rittermantel,
Drum sieht er jedes Biedermannes Glück

mit scheelen
Augen:
mit neidischem
Blick — Mit scheelen Augen gift'ger Missgunst an,   270
Dir hat er längst den Untergang geschworen –
Noch stehst du unversehrt – Willst du erwarten,

an dir gebüßt:
an dir ausgelebt — Bis er die böse Lust an dir gebüßt?
Der kluge Mann baut vor.

Stauffacher: Was ist zu tun!   275

Gertrud *(tritt näher)*:
So höre meinen Rat! Du weißt, wie hier

Redliche:
ehrliche
Menschen — Zu Schwyz sich alle Redlichen beklagen
Ob dieses Landvogts Geiz und Wüterei.
So zweifle nicht, dass sie dort drüben auch
In Unterwalden und im Urner Land
Des Dranges müd sind und des harten Jochs –   280
Denn wie der Geßler hier, so schafft es frech
Der Landenberger drüben überm See –
Es kommt kein Fischerkahn zu uns herüber,
Der nicht ein neues Unheil und Gewalt-

285 Beginnen von den Vögten uns verkündet.
Drum tät es gut, dass eurer etliche,
Die's redlich meinen, still zu Rate gingen,
Wie man des Drucks sich möcht erledigen,
So acht ich wohl, Gott würd euch nicht verlassen
290 Und der gerechten Sache gnädig sein –
Hast du in Uri keinen Gastfreund, sprich,
Dem du dein Herz magst redlich offenbaren?
Stauffacher: Der wackern Männer kenn ich viele dort
Und angesehen große Herrenleute,

Herrenleute:
Lehnsherren

295 Die mir geheim sind und gar wohl vertraut.

dir mir geheim
sind:
deren Vertrauen
ich besitze

(Er steht auf.)
Frau, welchen Sturm gefährlicher Gedanken
Weckst du mir in der stillen Brust! Mein Innerstes
Kehrst du ans Licht des Tages mir entgegen,
Und was ich mir zu denken still verbot,
300 Du sprichst's mit leichter Zunge kecklich aus.

kecklich:
mutig

– Hast du auch wohl bedacht, was du mir rätst?
Die wilde Zwietracht und den Klang der Waffen
Rufst du in dieses friedgewohnte Tal –
Wir wagten es, ein schwaches Volk der Hirten,
305 In Kampf zu gehen mit dem Herrn der Welt?
Der gute Schein nur ist's, worauf sie warten,
Um loszulassen auf dies arme Land
Die wilden Horden ihrer Kriegsmacht,
Darin zu schalten mit des Siegers Rechten
310 Und unterm Schein gerechter Züchtigung
Die alten Freiheitsbriefe zu vertilgen.
Gertrud: Ihr seid *auch* Männer, wisset eure Axt
Zu führen, und dem Mutigen hilft Gott!
Stauffacher: O Weib! Ein furchtbar wütend Schrecknis ist
315 Der Krieg, die Herde schlägt er und den Hirten.
Gertrud: Ertragen muss man, was der Himmel sendet,
Unbilliges erträgt kein edles Herz.

Unbilliges:
Ungerechtigkeit

Stauffacher: Dies Haus erfreut dich, das wir neu erbauten.
Der Krieg, der ungeheure, brennt es nieder.
Gertrud: Wüsst ich mein Herz an zeitlich Gut gefesselt,   320
Den Brand wärf ich hinein mit eigner Hand.
Stauffacher:
Du glaubst an Menschlichkeit! Es schont der Krieg
Auch nicht das zarte Kindlein in der Wiege.
Gertrud: Die Unschuld hat im Himmel einen Freund!
– Sieh vorwärts, Werner, und nicht hinter dich!   325
Stauffacher: Wir Männer können tapfer fechtend sterben,
Welch Schicksal aber wird das eure sein?
Gertrud:
Die letzte Wahl steht auch dem Schwächsten offen,
Ein Sprung von dieser Brücke macht mich frei.
Stauffacher *(stürzt in ihre Arme)*:
Wer solch ein Herz an seinen Busen drückt,   330
Der kann für Herd und Hof mit Freuden fechten
Und keines Königs Heermacht fürchtet er –
Nach Uri fahr ich stehnden Fußes gleich,
Dort lebt ein Gastfreund mir, Herr Walter Fürst,
Der über diese Zeiten denkt wie ich.   335

Bannerherr: Adliger mit dem Recht, ein Banner zu führen

Auch find ich dort den edeln Bannerherrn
Von Attinghaus – obgleich von hohem Stamm,
Liebt er das Volk und ehrt die alten Sitten.

von hohem Stamm: adelig

Mit ihnen beiden pfleg ich Rats, wie man
Der Landesfeinde mutig sich erwehrt –   340
Leb wohl – und weil ich fern bin, führe du
Mit klugem Sinn das Regiment des Hauses –

wallen: wallfahren, pilgern

Dem Pilger, der zum Gotteshause wallt,
Dem frommen Mönch, der für sein Kloster sammelt,
Gib reichlich und entlass ihn wohl gepflegt.   345
Stauffachers Haus verbirgt sich nicht. Zu äußerst
Am offnen Heerweg steht, ein wirtlich Dach
Für alle Wandrer, die des Weges fahren.

(Indem sie nach dem Hintergrunde abgehen, tritt Wilhelm
Tell mit Baumgarten vorn auf die Szene.)
Tell *(zu Baumgarten)*:
350 Ihr habt jetzt meiner weiter nicht vonnöten,
Zu jenem Hause gehet ein, dort wohnt
Der Stauffacher, ein Vater der Bedrängten.
– Doch sieh, da ist er selber – Folgt mir, kommt!
(Gehen auf ihn zu, die Szene verwandelt sich.)

Dritte Szene

Öffentlicher Platz bei Altorf

Auf einer Anhöhe im Hintergrund sieht man eine Feste bauen,
welche schon so weit gediehen, dass sich die Form des Gan-
zen darstellt. Die hintere Seite ist fertig, an der vordern wird
eben gebaut, das Gerüste steht noch, an welchem die Werk-
leute auf und nieder steigen, auf dem höchsten Dach hängt
der Schieferdecker. – Alles ist in Bewegung und Arbeit.

Fronvogt. Meister Steinmetz. Gesellen und Handlanger

Fronvogt *(mit dem Stabe, treibt die Arbeiter)*:
Nicht lang gefeiert, frisch! Die Mauersteine
Herbei, den Kalk, den Mörtel zugefahren!
355 Wenn der Herr Landvogt kommt, dass er das Werk
Gewachsen sieht – Das schlendert wie die Schnecken.
(Zu zwei Handlangern, welche tragen)
Heißt das geladen? Gleich das Doppelte!
Wie die Tagdiebe ihre Pflicht bestehlen!
Erster Gesell: Das ist doch hart, dass wir die Steine selbst
360 Zu unserm Twing und Kerker sollen fahren!
Fronvogt: Was murret ihr? Das ist ein schlechtes Volk,
Zu nichts anstellig, als das Vieh zu melken
Und faul herumzuschlendern auf den Bergen.

Feste: Burg

Schieferdecker: Dachdecker

Fronvogt: *hier* Vogt, der im Dienste Österreichs bestimmte Arbeiten überwacht

Twing: *hier* Festung, Burg

zu nichts anstellig: zu nichts zu gebrauchen

Alter Mann *(ruht aus)*:

Ich kann nicht mehr.

Fronvogt *(schüttelt ihn)*: Frisch, Alter, an die Arbeit!

Erster Gesell: Habt Ihr denn gar kein Eingeweid, dass Ihr   365

Den Greis, der kaum sich selber schleppen kann,

Zum harten Frondienst treibt?

Meister Steinmetz und Gesellen: 's ist himmelschreiend!

Fronvogt: Sorgt ihr für euch, ich tu, was meines Amts.

Zweiter Gesell:

Fronvogt, wie wird die Feste denn sich nennen,

Die wir da baun?

Fronvogt: *Zwing Uri* soll sie heißen,   370

Denn unter dieses Joch wird man euch beugen.

Gesellen: Zwing Uri!

Fronvogt: Nun, was gibt's dabei zu lachen?

Zweiter Gesell:

Mit diesem Häuslein wollt ihr Uri zwingen?

Erster Gesell:

Lass sehn, wie viel man solcher Maulwurfshaufen

Muss übernander setzen, bis ein Berg   375

Draus wird wie der geringste nur in Uri!

(Fronvogt geht nach dem Hintergrund.)

Meister Steinmetz:

Den Hammer werf ich in den tiefsten See,

Der mir gedient bei diesem Fluchgebäude!

(Tell und Stauffacher kommen.)

Stauffacher: O hätt ich nie gelebt, um das zu schauen!

Tell: Hier ist nicht gut sein. Lasst uns weitergehn.   380

Stauffacher: Bin ich zu Uri, in der Freiheit Land?

Meister Steinmetz: O Herr, wenn Ihr die Keller erst gesehn

Unter den Türmen! Ja, wer *die* bewohnt,

Der wird den Hahn nicht fürder krähen hören!

Stauffacher: O Gott!

Steinmetz: Seht diese Flanken, diese Strebepfeiler,   385

Die stehn wie für die Ewigkeit gebaut!

Marginal glosses:

Habt ihr denn gar kein Eingeweid: Habt ihr denn gar kein Mitgefühl

fürder: in Zukunft

Tell: Was Hände bauten, können Hände stürzen.

(Nach den Bergen zeigend)

Das Haus der Freiheit hat uns Gott gegründet.

(Man hört eine Trommel, es kommen Leute, die einen Hut auf einer Stange tragen, ein Ausrufer folgt ihnen, Weiber und Kinder dringen tumultuarisch nach.)

Erster Gesell: Was will die Trommel? Gebet Acht!

Meister Steinmetz: Was für

390 Ein Fassnachtsaufzug, und was soll der Hut?

Ausrufer: In des Kaisers Namen! Höret!

Gesellen: Still doch! Höret!

Ausrufer: Ihr sehet diesen Hut, Männer von Uri!

Aufrichten wird man ihn auf hoher Säule,

Mitten in Altorf, an dem höchsten Ort,

395 Und dieses ist des Landvogts Will und Meinung:

Dem Hut soll gleiche Ehre wie ihm selbst geschehn,

Man soll ihn mit gebognem Knie und mit

Entblößtem Haupt verehren – Daran will

Der König die Gehorsamen erkennen.

400 Verfallen ist mit seinem Leib und Gut

Dem Könige, wer das Gebot verachtet.

(Das Volk lacht laut auf, die Trommel wird gerührt, sie gehen vorüber.)

Erster Gesell: Welch neues Unerhörtes hat der Vogt

Sich ausgesonnen! Wir 'nen *Hut* verehren!

Sagt! Hat man je vernommen von dergleichen?

405 **Meister Steinmetz:** Wir unsre Kniee beugen einem Hut!

Treibt er sein Spiel mit ernsthaft würd'gen Leuten?

Erster Gesell: Wär's noch die kaiserliche Kron! So ist's

Der Hut von Österreich, ich sah ihn hangen

Über dem Thron, wo man die Lehen gibt!

Meister Steinmetz:

410 Der Hut von Österreich! Gebt Acht, es ist

Ein Fallstrick, uns an Östreich zu verraten!

Gesellen:
Kein Ehrenmann wird sich der Schmach bequemen.
Meister Steinmetz:
Kommt, lasst uns mit den andern Abred nehmen.
(Sie gehen nach der Tiefe.)
Tell *(zum Stauffacher)***:**
Ihr wisset nun Bescheid. Lebt wohl, Herr Werner!
Stauffacher: Wo wollt Ihr hin? O, eilt nicht so von dannen. ₄₁₅
Tell: Mein Haus entbehrt des Vaters. Lebet wohl.
Stauffacher: Mir ist das Herz so voll, mit Euch zu reden.
Tell: Das schwere Herz wird nicht durch Worte leicht.
Stauffacher: Doch könnten Worte uns zu Taten führen.
Tell: Die einzge Tat ist jetzt Geduld und Schweigen. ₄₂₀
Stauffacher: Soll man ertragen, was unleidlich ist?
Tell: Die schnellen Herrscher sind's, die kurz regieren.
– Wenn sich der Föhn erhebt aus seinen Schlünden,
Löscht man die Feuer aus, die Schiffe suchen
Eilends den Hafen und der mächtge Geist ₄₂₅
Geht ohne Schaden, spurlos, über die Erde.
Ein jeder lebe still bei sich daheim,
Dem Friedlichen gewährt man gern den Frieden.
Stauffacher:
Meint Ihr?
Tell: Die Schlange sticht nicht ungereizt.
Sie werden endlich doch von selbst ermüden, ₄₃₀
Wenn sie die Lande ruhig bleiben sehn.
Stauffacher:
Wir könnten viel, wenn wir zusammenstünden.
Tell: Beim Schiffbruch hilft der Einzelne sich leichter.
Stauffacher: So kalt verlasst Ihr die gemeine Sache?
Tell: Ein jeder zählt nur sicher auf sich selbst. ₄₃₅
Stauffacher:
Verbunden werden auch die Schwachen mächtig.
Tell: Der Starke ist am mächtigsten *allein.*

(Randglossen:)

mit den andern Abred nehmen: mit den anderen etwas vereinbaren

Schlund: *hier* Spalte, Schlucht

Stauffacher: So kann das Vaterland auf Euch nicht zählen,
Wenn es verzweiflungsvoll zur Notwehr greift?
Tell *(gibt ihm die Hand)*:
440 Der Tell holt ein verlornes Lamm vom Abgrund,
Und sollte seinen Freunden sich entziehen?
Doch *was* ihr tut, lasst mich aus eurem *Rat*,
Ich kann nicht lange prüfen oder wählen,
Bedürft ihr meiner zu bestimmter *Tat*,
445 Dann ruft den Tell, es soll an mir nicht fehlen.
(Gehen ab zu verschiedenen Seiten. Ein plötzlicher Auflauf
entsteht um das Gerüste.)
Meister Steinmetz *(eilt hin)*:
Was gibt's?
Erster Gesell *(kommt vor, rufend)*:
          Der Schieferdecker ist vom Dach gestürzt.
(Berta mit Gefolge)
Berta *(stürzt herein)*:
Ist er zerschmettert? Rennet, rettet, helft –
Wenn Hülfe möglich, rettet, hier ist Gold –
(Wirft ihr Geschmeide unter das Volk)
Meister: Mit eurem Golde – Alles ist euch feil
450 Um Gold, wenn ihr den Vater von den Kindern
Gerissen und den Mann von seinem Weibe
Und Jammer habt gebracht über die Welt,
Denkt ihr's mit Golde zu vergüten – Geht!
Wir waren frohe Menschen, eh ihr kamt,
455 Mit euch ist die Verzweiflung eingezogen.
Berta *(zu dem Fronvogt, der zurückkommt)*:
Lebt er? *(Fronvogt gibt ein Zeichen des Gegenteils.)*
          O, unglücksel'ges Schloss, mit Flüchen
Erbaut und Flüche werden dich bewohnen!
(Geht ab)

Alles ist euch feil um Gold: Alles meint ihr mit Gold kaufen zu können

Vierte Szene

Walter Fürsts Wohnung

*Walter Fürst und Arnold von Melchthal treten zugleich ein,
von verschiedenen Seiten.*

Melchthal:
Herr Walter Fürst –
Walter Fürst: Wenn man uns überraschte!
Bleibt, wo Ihr seid. Wir sind umringt von Spähern.
Melchthal: Bringt Ihr mir nichts von Unterwalden? Nichts   460
Von meinem Vater? Nicht ertrag ich's länger,
Als ein Gefangner müßig hier zu liegen,
Was hab ich denn so Sträfliches getan,
Um mich gleich einem Mörder zu verbergen?
Dem frechen Buben, der die Ochsen mir,   465
Das trefflichste Gespann, vor meinen Augen
Weg wollte treiben auf des Vogts Geheiß,
Hab ich den Finger mit dem Stab gebrochen.
Walter Fürst: Ihr seid zu rasch. Der Bube war des Vogts,
Von Eurer Obrigkeit war er gesendet,   470
Ihr wart in Straf gefallen, musstet Euch,
Wie schwer sie war, der Buße schweigend fügen.
Melchthal: Ertragen sollt ich die leichtfertge Rede
Des Unverschämten: »Wenn der Bauer Brot
Wollt' essen, mög er selbst am Pfluge ziehn!«   475
In die Seele schnitt mir's, als der Bub die Ochsen,
Die schönen Tiere, von dem Pfluge spannte,
Dumpf brüllten sie, als hätten sie Gefühl
Ungebühr: Der Ungebühr, und stießen mit den Hörnern,
Unverschämtheit Da übernahm mich der gerechte Zorn   480
Und meiner selbst nicht Herr, schlug ich den Boten.
Walter Fürst: O, kaum bezwingen wir das eigne Herz,
Wie soll die rasche Jugend sich bezähmen!

Melchthal: Mich jammert nur der Vater – Er bedarf
485 So sehr der Pflege und sein Sohn ist fern.
Der Vogt ist ihm gehässig, weil er stets
Für Recht und Freiheit redlich hat gestritten.
Drum werden sie den alten Mann bedrängen
Und niemand ist, der ihn vor Unglimpf schütze.

Unglimpf:
hier Misshand-
lung

490 – Werde mit mir was will, ich muss hinüber.
Walter Fürst: Erwartet nur und fasst euch in Geduld,
Bis Nachricht uns herüberkommt vom Walde.
– Ich höre klopfen, geht – Vielleicht ein Bote
Vom Landvogt – Geht hinein – Ihr seid in Uri
495 Nicht sicher vor des Landenbergers Arm,
Denn die Tyrannen reichen sich die Hände.
Melchthal:
Sie lehren uns, was *wir* tun sollten.
Walter Fürst: Geht!
Ich ruf Euch wieder, wenn's hier sicher ist.
(Melchthal geht hinein.)
Der Unglückselige, ich darf ihm nicht
500 Gestehen, was mir Böses schwant – Wer klopft?
Sooft die Türe rauscht, erwart ich Unglück.
Verrat und Argwohn lauscht in allen Ecken,
Bis in das Innerste der Häuser dringen
Die Boten der Gewalt, bald tät es Not,
505 Wir hätten Schloss und Riegel an den Türen.
*(Er öffnet und tritt erstaunt zurück, da Werner Stauffacher
hereintritt.)*
Was seh ich? Ihr, Herr Werner! Nun, bei Gott!
Ein werter, teurer Gast – Kein bessrer Mann
Ist über diese Schwelle noch gegangen.
Seid hoch willkommen unter meinem Dach!
510 Was führt Euch her? Was sucht Ihr hier in Uri?
Stauffacher *(ihm die Hand reichend)*:
Die alten Zeiten und die alte Schweiz.

Walter Fürst:
Die bringt Ihr mit Euch – Sieh, mir wird so wohl,
Warm geht das Herz mir auf bei Eurem Anblick.
– Setzt Euch, Herr Werner – Wie verließet Ihr
Frau Gertrud, Eure angenehme Wirtin,   515
Des weisen Ibergs hochverständ'ge Tochter?
Von allen Wandrern aus dem deutschen Land,
Welschland: Die über Meinrads Zell nach Welschland fahren,
Italien   Rühmt jeder Euer gastlich Haus – Doch sagt,
Flüelen: Kommt Ihr soeben frisch von Flüelen her   520
Ort am Ufer des Und habt Euch nirgend sonst noch umgesehn,
Urner Sees   Eh Ihr den Fuß gesetzt auf diese Schwelle?

Stauffacher *(setzt sich)*:
Wohl ein erstaunlich neues Werk hab ich
Bereiten sehen, das mich nicht erfreute.

Walter Fürst:
O Freund, da habt Ihr's gleich mit *einem* Blicke!   525

Stauffacher: Ein solches ist in Uri nie gewesen –
Seit Menschendenken war kein Twinghof hier
Und fest war keine Wohnung als das Grab.

Walter Fürst:
Ein Grab der Freiheit ist's. Ihr nennt's mit Namen.

Stauffacher:
verhalten: Herr Walter Fürst, ich will Euch nicht verhalten,   530
hier aufhalten Nicht eine müß'ge Neugier führt mich her,
Drangsal: Mich drücken schwere Sorgen – Drangsal hab ich
Bedrückung Zu Haus verlassen, Drangsal find ich hier.
Denn ganz unleidlich ist's, was wir erdulden,
Und dieses Dranges ist kein Ziel zu sehn.   535
Frei war der Schweizer von uralters her,
Wir sind's gewohnt, dass man uns gut begegnet,
Ein solches war im Lande nie erlebt,
Solang ein Hirte trieb auf diesen Bergen.

Walter Fürst: Ja, es ist ohne Beispiel, wie sie's treiben!   540
Auch unser edler Herr von Attinghausen,

Der noch die alten Zeiten hat gesehn,
Meint selber, es sei nicht mehr zu ertragen.
Stauffacher:
Auch drüben unterm Wald geht Schweres vor,
545 Und blutig wird's gebüßt – Der Wolfenschießen,
Des Kaisers Vogt, der auf dem Rossberg hauste,
Gelüsten trug er nach verbotner Frucht,
Baumgartens Weib, der haushält zu Alzellen,
Wollt er zu frecher Ungebühr missbrauchen
550 Und mit der Axt hat ihn der Mann erschlagen.
Walter Fürst: O, die Gerichte Gottes sind gerecht!
– Baumgarten, sagt Ihr? Ein bescheidner Mann!
Er ist gerettet doch und wohl geborgen?
Stauffacher: Euer Eidam hat ihn übern See geflüchtet,
555 Bei mir zu Steinen halt ich ihn verborgen –
– Noch Gräulichers hat mir derselbe Mann
Berichtet, was zu Sarnen ist geschehn.
Das Herz muss jedem Biedermanne bluten.
Walter Fürst *(aufmerksam)*:
Sagt an, was ist's?
Stauffacher: Im Melchthal, da, wo man
560 Eintritt bei Kerns, wohnt ein gerechter Mann,
Sie nennen ihn den Heinrich von der Halden
Und seine Stimm gilt was in der Gemeinde.
Walter Fürst:
Wer kennt ihn nicht! Was ist's mit ihm! Vollendet!
Stauffacher: Der Landenberger büßte seinen Sohn
565 Um kleinen Fehlers willen, ließ die Ochsen,
Das beste Paar, ihm aus dem Pfluge spannen,
Da schlug der Knab den Knecht und wurde flüchtig.
Walter Fürst *(in höchster Spannung)*:
Der Vater aber – sagt, wie steht's um den?
Stauffacher: Den Vater lässt der Landenberger fodern.
570 Zur Stelle schaffen soll er ihm den Sohn,
Und da der alte Mann mit Wahrheit schwört,

bescheiden:
hier klug

Eidam:
Schwiegersohn

büßen:
hier bestrafen

fodern:
jmdn. zu etwas
auffordern

Er habe von dem Flüchtling keine Kunde,
Da lässt der Vogt die Folterknechte kommen –
Walter Fürst *(springt auf und will ihn auf die andre Seite führen)*: O still, nichts mehr!
Stauffacher *(mit steigendem Ton)*:

　　　　　　　　　　　　　　»Ist mir der Sohn entgangen,
So hab ich *dich!*« – Lässt ihn zu Boden werfen,　　　575
Den spitzgen Stahl ihm in die Augen bohren –
Walter Fürst: Barmherzger Himmel!
Melchthal *(stürzt heraus)*:　　　　　In die Augen, sagt Ihr?
Stauffacher *(erstaunt zu Walter Fürst)*:
Wer ist der Jüngling?
Melchthal *(fasst ihn mit krampfhafter Heftigkeit)*:
　　　　　　　　　　In die Augen? Redet!
Walter Fürst: O, der Bejammernswürdige!
Stauffacher:　　　　　　　　　Wer ist's?
(Da Walter Fürst ihm ein Zeichen gibt)
Der Sohn ist's? Allgerechter Gott!
Melchthal:　　　　　　　Und ich　　　580
Muss ferne sein! – In seine beiden Augen?
Walter Fürst: Bezwinget Euch, ertragt es wie ein Mann!
Melchthal: Um *meiner* Schuld, um *meines* Frevels willen!

Frevel: Verstoß – Blind also! Wirklich *blind* und *ganz* geblendet?
Stauffacher:
Ich sagts. Der Quell des Sehns ist ausgeflossen,　　　585
Das Licht der Sonne schaut er niemals wieder.
Walter Fürst:
Schont seines Schmerzens!
Melchthal:　　　　　Niemals! Niemals wieder!
(Er drückt die Hand vor die Augen und schweigt einige Momente, dann wendet er sich von dem einen zu dem andern und spricht mit sanfter, von Tränen erstickter Stimme.)
O, eine edle Himmelsgabe ist
Das Licht des Auges – Alle Wesen leben
Vom Lichte, jedes glückliche Geschöpf –　　　590

Die Pflanze selbst kehrt freudig sich zum Lichte.
Und *er* muss sitzen, fühlend, in der Nacht,
Im ewig Finstern – ihn erquickt nicht mehr
Der Matten warmes Grün, der Blumen Schmelz,
595 Die roten Firnen kann er nicht mehr schauen –
Sterben ist nichts – doch *leben* und nicht *sehen,*
Das ist ein Unglück – Warum seht ihr mich
So jammernd an? Ich hab zwei frische Augen
Und kann dem blinden Vater keines geben,
600 Nicht einen Schimmer von dem Meer des Lichts,
Das glanzvoll, blendend, mir ins Auge dringt.

Stauffacher:
Ach, ich muss Euren Jammer noch vergrößern
Statt ihn zu heilen – Er bedarf noch mehr!
Denn alles hat der Landvogt ihm geraubt,
605 Nichts hat er ihm gelassen als den Stab,
Um nackt und blind von Tür zu Tür zu wandern.

Melchthal: Nichts als den Stab dem augenlosen Greis!
Alles geraubt und auch das Licht der Sonne,
Des Ärmsten allgemeines Gut – Jetzt rede
610 Mir keiner mehr von Bleiben, von Verbergen!
Was für ein feiger Elender bin ich,
Dass ich auf *meine* Sicherheit gedacht
Und nicht auf deine – dein geliebtes Haupt
Als Pfand gelassen in des Wütrichs Händen!
615 Feigherz'ge Vorsicht, fahre hin – Auf nichts
Als blutige Vergeltung will ich denken –
Hinüber will ich – Keiner soll mich halten –
Des Vaters Auge von dem Landvogt fodern–
Aus allen seinen Reisigen heraus
620 Will ich ihn finden – Nichts liegt mir am Leben,
Wenn ich den heißen, ungeheuren Schmerz
In seinem Lebensblute kühle. *(Er will gehen.)*

Walter Fürst: Bleibt!
Was könnt Ihr gegen ihn? Er sitzt zu Sarnen

Schmelz:
hier Farbe

Firnen:
schneebedeckte
Berggipfel

feigherz'ge:
feige

Auf seiner hohen Herrenburg und spottet
Ohnmächt'gen Zorns in seiner sichern Feste. 625

Melchthal: Und wohnt' er droben auf dem Eispalast

Schreckhorn,
Jungfrau:
Berggipfel der
Berner Alpen

Des *Schreckhorns* oder höher, wo die *Jungfrau*
Seit Ewigkeit verschleiert sitzt – Ich mache
Mir Bahn zu ihm, mit zwanzig Jünglingen,
Gesinnt wie ich, zerbrech ich seine Feste. 630
Und wenn mir niemand folgt und wenn ihr alle
Für eure Hütten bang und eure Herden
Euch dem Tyrannenjoche beugt – die Hirten
Will ich zusammenrufen im Gebirg,
Dort unterm freien Himmelsdache, wo 635
Der Sinn noch frisch ist und das Herz gesund,
Das ungeheuer Grässliche erzählen.

Stauffacher *(zu Walter Fürst)*:
Es ist auf seinem Gipfel – Wollen wir
Erwarten, bis das Äußerste –

Melchthal: Welch Äußerstes
Ist noch zu fürchten, wenn der Stern des Auges 640
In seiner Höhle nicht mehr sicher ist?
– Sind wir denn wehrlos? Wozu lernten wir
Die Armbrust spannen und die schwere Wucht
Der Streitaxt schwingen? Jedem Wesen ward
Ein Notgewehr in der Verzweiflungsangst, 645
Es stellt sich der erschöpfte Hirsch und zeigt
Der Meute sein gefürchtetes Geweih,
Die Gemse reißt den Jäger in den Abgrund –
Der Pflugstier selbst, der sanfte Hausgenoss
Des Menschen, der die ungeheure Kraft 650
Des Halses duldsam unters Joch gebogen,
Springt auf, gereizt, wetzt sein gewaltig Horn
Und schleudert seinen Feind den Wolken zu.

Walter Fürst: Wenn die drei Lande dächten wie wir drei,
So möchten wir vielleicht etwas vermögen. 655

Stauffacher: Wenn Uri ruft, wenn Unterwalden hilft,
Der Schwyzer wird die alten Bünde ehren.
Melchthal: Groß ist in Unterwalden meine Freundschaft
Und jeder wagt mit Freuden Leib und Blut,
660 Wenn er am andern einen Rücken hat
Und Schirm – O fromme Väter dieses Landes!
Ich stehe nur ein Jüngling zwischen euch,
Den Vielerfahrnen – meine Stimme muss
Bescheiden schweigen in der Landsgemeinde.
665 Nicht weil ich jung bin und nicht viel erlebte,
Verachtet meinen Rat und meine Rede,
Nicht lüstern jugendliches Blut, mich treibt
Des höchsten Jammers schmerzliche Gewalt,
Was auch den Stein des Felsen muss erbarmen.
670 Ihr selbst seid Väter, Häupter eines Hauses,
Und wünscht euch einen tugendhaften Sohn,
Der eures Hauptes heil'ge Locken ehre
Und euch den Stern des Auges fromm bewache.
O, weil ihr selbst an eurem Leib und Gut
675 Noch nichts erlitten, eure Augen sich
Noch frisch und hell in ihren Kreisen regen,
So sei euch darum unsre Not nicht fremd.
Auch über euch hängt das Tyrannenschwert,
Ihr habt das Land von Östreich abgewendet,
680 Kein anderes war meines Vaters Unrecht,
Ihr seid in gleicher Mitschuld und Verdammnis.
Stauffacher *(zu Walter Fürst)*:
Beschließet *Ihr*, ich bin bereit zu folgen.
Walter Fürst: Wir wollen hören, was die edeln Herrn
Von Sillinen, von Attinghausen raten –
685 Ihr Name, denk ich, wird uns Freunde werben.
Melchthal: Wo ist ein Name in dem Waldgebirg
Ehrwürdiger als Eurer und der Eure?
An solcher Namen echte Währung glaubt
Das Volk, sie haben guten Klang im Lande.

Rücken:
Rückhalt

Schirm:
Schutz

Ihr habt ein reiches Erb von Vätertugend   690
Und habt es selber reich vermehrt – Was braucht's
Des Edelmanns? Lasst's uns allein vollenden.
Wären wir doch allein im Land! Ich meine,
Wir wollten uns schon selbst zu schirmen wissen.

Edeln:
Adeligen

Stauffacher: Die Edeln drängt nicht gleiche Not mit uns,   695
Der Strom, der in den Niederungen wütet,
Bis jetzt hat er die Höhn noch nicht erreicht –

entsteh'n:
hier fehlen

Doch ihre Hülfe wird uns nicht entsteh'n,
Wenn sie das Land in Waffen erst erblicken.
Walter Fürst:

Obmann:
Richter

Wäre ein Obmann zwischen uns und Östreich,   700
So möchte Recht entscheiden und Gesetz,
Doch der uns unterdrückt, ist unser Kaiser
Und höchster Richter – so muss *Gott uns helfen*
Durch unsern Arm – Erforschet *Ihr* die Männer
Von Schwyz, *ich* will in Uri Freunde werben.   705
Wen aber senden wir nach Unterwalden –
Melchthal: Mich sendet hin – wem läg es näher an –
Walter Fürst:
Ich gebs nicht zu, Ihr seid mein Gast, ich muss
Für Eure Sicherheit gewähren!
Melchthal: Lasst mich!

Schliche:
geheime Wege

Die Schliche kenn ich und die Felsensteige,   710
Auch Freunde find ich gnug, die mich dem Feind
Verhelen und ein Obdach gern gewähren.
Stauffacher: Lasst ihn mit Gott hinübergehn. Dort drüben
Ist kein Verräter – so verabscheut ist
Die Tyrannei, dass sie kein Werkzeug findet.   715

nid dem Wald:
Nidwalden,
Gebiet im Kanton
Unterwalden

Auch der Alzeller soll uns nid dem Wald
Genossen werben und das Land erregen.
Melchthal: Wie bringen wir uns sichre Kunde zu,
Dass wir den Argwohn der Tyrannen täuschen?
Stauffacher: Wir könnten uns zu *Brunnen* oder *Treib*   720
Versammeln, wo die Kaufmannsschiffe landen.

Walter Fürst: So offen dürfen wir das Werk nicht treiben.
– Hört meine Meinung. Links am See, wenn man
Nach Brunnen fährt, dem Mythenstein grad über,
725 Liegt eine Matte heimlich im Gehölz,
Das *Rütli* heißt sie bei dem Volk der Hirten,
Weil dort die Waldung ausgereutet ward.

ausreuten:
roden

Dort ist's, wo unsre Landmark und die Eure *(zu Melchthal)*
Zusammengrenzen und in kurzer Fahrt *(zu Stauffacher)*
730 Trägt Euch der leichte Kahn von Schwyz herüber.
Auf öden Pfaden können wir dahin
Bei Nachtzeit wandern und uns still beraten.
Dahin mag jeder zehn vertraute Männer
Mitbringen, die herzeinig sind mit uns,
735 So können wir gemeinsam das Gemeine
Besprechen und mit Gott es frisch beschließen.

das Gemeine:
hier die gemein-
same Sache

Stauffacher: So sei's. Jetzt reicht mir Eure biedre Rechte,
Reicht Ihr die Eure her und so, wie wir

bieder:
ehrlich, anständig

Drei Männer jetzo, unter uns, die Hände
740 Zusammenflechten, redlich, ohne Falsch,
So wollen wir *drei Länder* auch, zu Schutz
Und Trutz, zusammenstehn auf Tod und Leben.

Walter Fürst und Melchthal:
Auf Tod und Leben!
(Sie halten die Hände noch einige Pausen lang zusammenge-
flochten und schweigen.)

Melchthal: Blinder, alter Vater!
Du kannst den Tag der Freiheit nicht mehr *schauen,*
745 Du sollst ihn *hören* – Wenn von Alp zu Alp
Die Feuerzeichen flammend sich erheben,
Die festen Schlösser der Tyrannen fallen,
In deine Hütte soll der Schweizer wallen,
Zu deinem Ohr die Freudenkunde tragen
750 Und hell in deiner Nacht soll es dir tagen.
(Sie gehen auseinander.)

Zweiter Aufzug

Erste Szene

Edelhof des Freiherrn von Attinghausen

Ein gotischer Saal mit Wappenschildern und Helmen verziert. Der Freiherr, ein Greis von fünfundachtzig Jahren, von hoher edler Statur, an einem Stabe, worauf ein Gemsenhorn, und in ein Pelzwams gekleidet. Kuoni und noch sechs Knechte stehen um ihn her mit Rechen und Sensen. – Ulrich von Rudenz tritt ein in Ritterkleidung.

Rudenz: Hier bin ich, Oheim – Was ist Euer Wille?

Oheim: Onkel

Attinghausen: Erlaubt, dass ich nach altem Hausgebrauch
Den Frühtrunk erst mit meinen Knechten teile.
(Er trinkt aus einem Becher, der dann in der Reihe herumgeht.)
Sonst war ich selber mit in Feld und Wald,
Mit meinem Auge ihren Fleiß regierend, 755
Wie sie mein Banner führte in der Schlacht,

den Schaffner machen: die Aufsicht führen, verwalten

Jetzt kann ich nichts mehr als den Schaffner machen,
Und kommt die warme Sonne nicht zu mir,
Ich kann sie nicht mehr suchen auf den Bergen.
Und so in enger stets und engerm Kreis, 760
Beweg ich mich dem engesten und letzten,
Wo alles Leben stillsteht, langsam zu,
Mein Schatte bin ich nur, bald nur mein Name.

Kuoni *(zu Rudenz mit dem Becher)*:

Junker: hier junger Edelmann

Ich bring's Euch, Junker.
(Da Rudenz zaudert, den Becher zu nehmen)

Trinket frisch! Es geht
765 Aus *einem* Becher und aus *einem* Herzen.

Attinghausen: Geht, Kinder, und wenn's Feierabend ist,
Dann reden wir auch von des Lands Geschäften.
(Knechte gehen ab.)
(Attinghausen und Rudenz)

Attinghausen: Ich sehe dich gegürtet und gerüstet,
Du willst nach Altorf in die Herrenburg?

770 **Rudenz:** Ja, Oheim, und ich darf nicht länger säumen –   säumen: abwarten

Attinghausen *(setzt sich)*:
Hast du's so eilig? Wie? Ist deiner Jugend
Die Zeit so karg gemessen, dass du sie
An deinem alten Oheim musst ersparen?

Rudenz: Ich sehe, dass Ihr meiner nicht bedürft,
775 Ich bin ein Fremdling nur in diesem Hause.

Attinghausen *(hat ihn lange mit den Augen gemustert)*:
Ja leider bist du's. Leider ist die Heimat
Zur Fremde dir geworden! – Uly! Uly!
Ich kenne dich nicht mehr. In Seide prangst du,   prangen: prahlen, angeben
Die Pfauenfeder trägst du stolz zur Schau
780 Und schlägst den Purpurmantel um die Schultern,   Pfauenfeder, Purpurmantel: Symbole des österreichischen Königshauses
Den Landmann blickst du mit Verachtung an
Und schämst dich seiner traulichen Begrüßung.   traulich: zutraulich

Rudenz: Die Ehr, die ihm gebührt, geb ich ihm gern,
Das Recht, das er sich nimmt, verweigr' ich ihm.

Attinghausen:
785 Das ganze Land liegt unterm schweren Zorn
Des Königs – Jedes Biedermannes Herz
Ist kummervoll ob der tyrannischen Gewalt,
Die wir erdulden – Dich allein rührt nicht
Der allgemeine Schmerz – Dich siehet man
790 Abtrünnig von den Deinen auf der Seite
Des Landesfeindes stehen, unsrer Not
Hohn sprechend nach der leichten Freude jagen

Und buhlen um die Fürstengunst, indes
Dein Vaterland von schwerer Geißel blutet.

Rudenz:

Das Land ist schwer bedrängt – Warum, mein Oheim? 795
Wer ist's, der es gestürzt in diese Not?
Es kostete ein einzig leichtes Wort,
Um augenblicks des Dranges los zu sein
Und einen gnäd'gen Kaiser zu gewinnen.
Weh ihnen, die dem Volk die Augen halten, 800
Dass es dem wahren Besten widerstrebt.
Um eignen Vorteils willen hindern sie,
Dass die Waldstätte nicht zu Östreich schwören,
Wie ringsum alle Lande doch getan.
Wohl tut es ihnen, auf der Herrenbank 805
Zu sitzen mit dem Edelmann – den *Kaiser*
Will man zum Herrn, um keinen *Herrn* zu haben.

Attinghausen:

Muss ich *das* hören und aus deinem Munde!

Rudenz: Ihr habt mich aufgefordert, lasst mich enden. –
Welche Person ist's, Oheim, die Ihr selbst 810
Hier spielt? Habt Ihr nicht höhern Stolz, als hier
Landammann oder Bannerherr zu sein
Und neben diesen Hirten zu regieren? Wie?
Ist's nicht eine rühmlichere Wahl,
Zu huldigen dem königlichen Herrn, 815
Sich an sein glänzend Lager anzuschließen,
Als Eurer eigenen Knechte Pair zu sein
Und zu Gericht zu sitzen mit dem Bauer?

Attinghausen: Ach Uly! Uly! Ich erkenne sie,
Die Stimme der Verführung! Sie ergriff 820
Dein offnes Ohr, sie hat dein Herz vergiftet.

Rudenz: Ja, ich verberg es nicht – in tiefer Seele
Schmerzt mich der Spott der Fremdlinge, die uns
Den *Bauernadel* schelten – Nicht ertrag ich's,
Indes die edle Jugend ringsumher 825

(Marginal notes:)

Waldstätte: Bezeichnung für die »Urschweiz« mit den »Urkantonen« Schwyz, Uri und Unterwalden

Landammann: höherer Verwalter eines Kantons

Pair zu sein: *hier* als Adeliger mit den Knechten gleichgestellt zu sein

Sich Ehre sammelt unter Habsburgs Fahnen,
Auf meinem Erb hier müßig stillzuliegen
Und bei gemeinem Tagewerk den Lenz
Des Lebens zu verlieren – Anderswo
830 Geschehen Taten, eine Welt des Ruhms
Bewegt sich glänzend jenseits dieser Berge –
Mir rosten in der Halle Helm und Schild,
Der Kriegstrommete mutiges Getön,
Der Heroldsruf, der zum Turniere ladet,
835 Er dringt in diese Täler nicht herein,
Nichts als den *Kuhreihn* und der Herdeglocken
Einförmiges Geläut vernehm ich hier.
Attinghausen: Verblendeter, vom eiteln Glanz verführt!
Verachte dein Geburtsland! Schäme dich
840 Der uralt frommen Sitte deiner Väter!
Mit heißen Tränen wirst du dich dereinst
Heimsehnen nach den väterlichen Bergen
Und dieses Herdenreihens Melodie,
Die du in stolzem Überdruss verschmähst,
845 Mit Schmerzenssehnsucht wird sie dich ergreifen,
Wenn sie dir anklingt auf der fremden Erde.
O, mächtig ist der Trieb des Vaterlands!
Die fremde falsche Welt ist nicht für dich,
Dort an dem stolzen Kaiserhof bleibst du
850 Dir ewig fremd mit deinem treuen Herzen!
Die Welt, sie fordert andre Tugenden,
Als du in diesen Tälern dir erworben.
– Geh hin, verkaufe deine freie Seele,
Nimm Land zu Lehen, werd ein Fürstenknecht,
855 Da du ein Selbstherr sein kannst und ein Fürst
Auf deinem eignen Erb und freien Boden.
Ach Uly! Uly! Bleibe bei den Deinen!
Geh nicht nach Altorf – O, verlass sie nicht,
Die heil'ge Sache deines Vaterlands!
860 – Ich bin der Letzte meines Stamms. Mein Name

Herold:
hier Ausrufer

Endet mit mir. Da hängen Helm und Schild,
Die werden sie mir in das Grab mitgeben.
Und ich muss denken bei dem letzten Hauch,
Dass du mein brechend Auge nur erwartest,
Um hinzugehn vor diesen neuen Lehenhof 865
Und meine edeln Güter, die ich frei
Von Gott empfing, von Östreich zu empfangen!
Rudenz: Vergebens widerstreben wir dem König,
Die Welt gehört ihm, wollen wir allein

sich steifen:
auf etwas
beharren

Uns eigensinnig steifen und verstocken 870
Die Länderkette ihm zu unterbrechen,
Die er gewaltig rings um uns gezogen?
Sein sind die Märkte, die Gerichte, *sein*

Saumross:
Lastenpferd

Die Kaufmannsstraßen und das Saumross selbst,

zollen:
Zoll zahlen

Das auf dem Gotthard ziehet, muss ihm zollen. 875
Von seinen Ländern wie mit einem Netz
Sind wir umgarnet rings und eingeschlossen.
– Wird uns das Reich beschützen? Kann es selbst
Sich schützen gegen Östreichs wachsende Gewalt?
Hilft Gott uns nicht, kein Kaiser kann uns helfen. 880
Was ist zu geben auf der Kaiser Wort,
Wenn sie in Geld- und Kriegesnot die Städte,

Schirm des Adlers:
Schutz des
Reiches

Die untern Schirm des Adlers sich geflüchtet,
Verpfänden dürfen und dem Reich veräußern?
– Nein, Oheim! Wohltat ist's und weise Vorsicht, 885
In diesen schweren Zeiten der Parteiung
Sich anzuschließen an ein mächtig Haupt.
Die Kaiserkrone geht von Stamm zu Stamm,
Die hat für treue Dienste kein Gedächtnis,
Doch um den mächt'gen Erbherrn wohl verdienen, 890
Heißt Saaten in die Zukunft streun.
Attinghausen: Bist du so weise?
Willst heller sehn als deine edeln Väter,
Die um der Freiheit kostbarn Edelstein
Mit Gut und Blut und Heldenkraft gestritten?

895 – Schiff nach Luzern hinunter, frage *dort*,
Wie Östreichs Herrschaft lastet auf den Ländern!
Sie werden kommen unsre Schaf und Rinder
Zu zählen, unsre Alpen abzumessen,
Den Hochflug und das Hochgewilde bannen
900 In unsern freien Wäldern, ihren Schlagbaum
An unsre Brücken, unsre Tore setzen,
Mit unsrer Armut ihre Länderkäufe,
Mit unserm Blute ihre Kriege zahlen –
– Nein, wenn wir unser Blut dransetzen sollen,
905 So sei's *für uns* – wohlfeiler kaufen wir
Die Freiheit als die Knechtschaft ein!

Rudenz: Was können wir,
Ein Volk der Hirten, gegen Albrechts Heere!

Attinghausen: Lern dieses Volk der Hirten kennen, Knabe!
Ich kenn's, ich hab es angeführt in Schlachten,
910 Ich hab es fechten sehen bei Favenz.
Sie sollen kommen, uns ein Joch aufzwingen,
Das wir entschlossen sind *nicht* zu ertragen!
– O lerne fühlen, welches Stamms du bist!
Wirf nicht für eiteln Glanz und Flitterschein
915 Die echte Perle deines Wertes hin –
Das Haupt zu heißen eines *freien* Volks,
Das dir aus Liebe nur sich herzlich weiht,
Das treulich zu dir steht in Kampf und Tod –
Das sei dein Stolz, *des* Adels rühme dich –
920 Die angebornen Bande knüpfe fest,
Ans Vaterland, ans teure, schließ dich an,
Das halte fest mit deinem ganzen Herzen.
Hier sind die starken Wurzeln deiner Kraft,
Dort in der fremden Welt stehst du allein,
925 Ein schwankes Rohr, das jeder Sturm zerknickt.
O komm, du hast uns lang nicht mehr gesehn,
Versuchs mit uns nur *einen* Tag – nur heute
Geh nicht nach Altorf – Hörst du? Heute nicht,

---

unsere Alpen abzumessen: *hier* Gebiete für die Festlegung der Steuerhöhe abmessen

Den Hochflug und das Hochgewilde bannen: sich als Adeliger das Recht vorbehalten, Vögel und Wild zu erlegen

Schlagbaum: Zollschranke

wohlfeiler: besser

Favenz: Faenza; Stadt in der italienischen Provinz Ravenna

Den *einen* Tag nur schenke dich den Deinen!
(Er fasst seine Hand.)
Rudenz:
Ich gab mein Wort – Lasst mich – Ich bin gebunden. 930
Attinghausen *(lässt seine Hand los, mit Ernst)*:
Du bist gebunden – Ja, Unglücklicher!
Du bist's, doch nicht durch Wort und Schwur,
Gebunden bist du durch der Liebe Seile!
(Rudenz wendet sich weg.)
– Verbirg dich, wie du willst. Das Fräulein ist's,
Berta von Bruneck, die zur Herrenburg 935
Dich zieht, dich fesselt an des Kaisers Dienst.
Das Ritterfräulein willst du dir erwerben
Mit deinem Abfall von dem Land – Betrüg dich nicht!
Dich anzulocken zeigt man dir die Braut,
Doch deiner Unschuld ist sie nicht beschieden. 940
Rudenz: Genug hab ich gehört. Gehabt Euch wohl.
(Er geht ab.)
Attinghausen:
Wahnsinniger Jüngling, bleib! – Er geht dahin!
Ich kann ihn nicht erhalten, nicht erretten –
So ist der Wolfenschießen abgefallen
Von seinem Land – so werden andre folgen, 945
Der fremde Zauber reißt die Jugend fort,
Gewaltsam strebend über unsre Berge.
– O unglücksel'ge Stunde, da das Fremde
In diese still beglückten Täler kam,
Der Sitten fromme Unschuld zu zerstören! 950
Das Neue dringt herein mit Macht, das Alte,
Das Würd'ge scheidet, andre Zeiten kommen,
Es lebt ein anders denkendes Geschlecht!
Was tu ich hier? Sie sind begraben alle,
Mit denen ich gewaltet und gelebt. 955
Unter der Erde schon liegt *meine* Zeit

Abfall: *hier* Lossagung, Bruch

deiner Unschuld ist sie nicht beschieden: *hier* sie nutzt deine Arglosigkeit aus

Wohl dem, der mit der *neuen* nicht mehr braucht zu leben!
(Geht ab)

Zweite Szene

Eine Wiese von hohen Felsen und Wald umgeben

Auf den Felsen sind Steige mit Geländern, auch Leitern,   Steige:
von denen man nachher die Landleute herabsteigen sieht.   steiler Weg im
Im Hintergrunde zeigt sich der See, über welchem anfangs   Gebirge
ein Mondregenbogen zu sehen ist. Den Prospekt schließen   Prospekt:
hohe Berge, hinter welchen noch höhere Eisgebirge ragen. Es   Hintergrund der
ist völlig Nacht auf der Szene, nur der See und die weißen   Bühne
Gletscher leuchten im Mondlicht. Melchthal, Baumgarten,
Winkelried, Meier von Sarnen, Burkhardt am Bühel, Arnold
von Sewa, Klaus von der Flüe und noch vier andere Land-
leute, alle bewaffnet.

Melchthal *(noch hinter der Szene)*:
Der Bergweg öffnet sich, nur frisch *mir* nach,
Den Fels erkenn ich und das Kreuzlein drauf,
Wir sind am Ziel, hier ist das Rütli.
(Treten auf mit Windlichtern)

960 **Winkelried:**   Horch!
Sewa: Ganz leer.
Meier: 's ist noch kein Landmann da. Wir sind
Die Ersten auf dem Platz, wir Unterwaldner.
Melchthal: Wie weit ist's in der Nacht?
Baumgarten: Der Feuerwächter
Vom Selisberg hat eben zwei gerufen.
(Man hört in der Ferne läuten.)
Meier: Still! Horch!
Am Bühel: Das Mettenglöcklein in der Wald-   Mettenglöcklein:
                                    kapelle   Glocke, mit der
965   die Messe ein-
Klingt hell herüber aus dem Schwyzerland.   geläutet wird

Von der Flüe: Die Luft ist rein und trägt den Schall so weit.

Melchthal: Gehn einige und zünden Reisholz an,

loh:
lodernd

Dass es loh brenne, wenn die Männer kommen.

(Zwei Landleute gehen.)

Sewa: 's ist eine schöne Mondennacht. Der See   970

Liegt ruhig da als wie ein ebner Spiegel.

Am Bühel: Sie haben eine leichte Fahrt.

Winkelried *(zeigt nach dem See)***:**   Ha, seht!

Seht dorthin! Scht ihr nichts?

Meier: Was denn? – Ja, wahrlich!   975

Ein Regenbogen mitten in der Nacht!

Melchthal: Es ist das Licht des Mondes, das ihn bildet.

Von der Flüe: Das ist ein seltsam wunderbares Zeichen!

Es leben viele, die das nicht gesehn.

Sewa: Er ist doppelt, seht, ein blässerer steht drüber.

Baumgarten: Ein Nachen fährt soeben drunter weg.

Melchthal: Das ist der Stauffacher mit seinem Kahn,   980

Der Biedermann lässt sich nicht lang erwarten.

(Geht mit Baumgarten nach dem Ufer)

Meier: Die Urner sind es, die am längsten säumen.

Am Bühel: Sie müssen weit umgehen durchs Gebirg,

Kundschaft:
hier Spione

Dass sie des Landvogts Kundschaft hintergehen.

(Unterdessen haben die zwei Landleute in der Mitte des Platzes ein Feuer angezündet.)

Melchthal *(am Ufer)***:**

Wer ist da? Gebt das Wort!

Stauffacher *(von unten)***:**   Freunde des Landes.   985

(Alle gehen nach der Tiefe, den Kommenden entgegen. Aus dem Kahn steigen Stauffacher, Itel Reding, Hans auf der Mauer, Jörg im Hofe, Konrad Hunn, Ulrich der Schmied, Jost von Weiler und noch drei andre Landleute, gleichfalls bewaffnet.)

Alle *(rufen)***:** Willkommen!

(Indem die Übrigen in der Tiefe verweilen und sich begrüßen, kommt Melchthal mit Stauffacher vorwärts.)

Melchthal: O, Herr Stauffacher! Ich hab ihn
Gesehn, der *mich* nicht wiedersehen konnte!
Die Hand hab ich gelegt auf seine Augen
Und glühend Rachgefühl hab ich gesogen
990 Aus der erloschnen Sonne seines Blicks.

Stauffacher:
Sprecht nicht von Rache. Nicht Geschehnes rächen,
Gedrohtem Übel wollen wir begegnen.
– Jetzt sagt, was Ihr im Unterwaldner Land
Geschafft und für gemeine Sach geworben,
995 Wie die Landleute denken, wie Ihr selbst
Den Stricken des Verrats entgangen seid.

Melchthal: Durch der Surennen furchtbares Gebirg,
Auf weit verbreitet öden Eisesfeldern,
Wo nur der heisre Lämmergeier krächzt,
1000 Gelangt' ich zu der Alpentrift, wo sich
Aus Uri und vom Engelberg die Hirten
Anrufend grüßen und gemeinsam weiden,
Den Durst mir stillend mit der Gletscher Milch,
Die in den Runsen schäumend niederquillt.
1005 In den einsamen Sennhütten kehrt ich ein,
Mein eigner Wirt und Gast, bis dass ich kam
Zu Wohnungen gesellig lebender Menschen.
– Erschollen war in diesen Tälern schon
Der Ruf des neuen Gräuels, der geschehn,
1010 Und fromme Ehrfurcht schaffte mir mein Unglück
Vor jeder Pforte, wo ich wandernd klopfte.
Entrüstet fand ich diese graden Seelen
Ob dem gewaltsam neuen Regiment,
Denn so wie ihre Alpen fort und fort
1015 Dieselben Kräuter nähren, ihre Brunnen
Gleichförmig fließen, Wolken selbst und Winde
Den gleichen Strich unwandelbar befolgen,
So hat die alte Sitte hier vom Ahn
Zum Enkel unverändert fortbestanden,

Surennen:
Name eines
Gebirgszuges

Alpentrift:
Viehweg zu den
Bergweiden

Runse:
Rinne, Flusslauf

Nicht tragen sie verwegne Neuerung 1020
Im altgewohnten gleichen Gang des Lebens.
– Die harten Hände reichten sie mir dar,
Von den Wänden langten sie die rost'gen Schwerter
Und aus den Augen blitzte freudiges
Gefühl des Muts, als ich die Namen nannte, 1025
Die im Gebirg dem Landmann heilig sind,
Den Eurigen und Walter Fürsts – Was euch
Recht würde dünken, schwuren sie zu tun,
Euch schwuren sie bis in den Tod zu folgen.
– So eilt ich sicher unterm heil'gen Schirm 1030
Des Gastrechts von Gehöfte zu Gehöfte –
Und als ich kam ins heimatliche Tal,
Wo mir die Vettern viel verbreitet wohnen –
Als ich den Vater fand, beraubt und blind,
Auf fremdem Stroh, von der Barmherzigkeit 1035
Mildtät'ger Menschen lebend –

Stauffacher:　　　　　　　Herr im Himmel!

Melchthal:

Da weint ich nicht! Nicht in ohnmächtgen Tränen
Goss ich die Kraft des heißen Schmerzens aus,
In tiefer Brust wie einen teuren Schatz
Verschloss ich ihn und dachte nur auf Taten. 1040

Krümmen:　Ich kroch durch alle Krümmen des Gebirgs,
Krümmungen　Kein Tal war so versteckt, ich späht' es aus,
Bis an der Gletscher eisbedeckten Fuß
Erwartet' ich und fand bewohnte Hütten
Und überall, wohin mein Fuß mich trug, 1045

Hass der Tyrannei:　Fand ich den gleichen Hass der Tyrannei,
hier Hass auf die　Denn bis an diese letzte Grenze selbst
Tyrannen/Unter-　Belebter Schöpfung, wo der starre Boden
drücker　Aufhört zu geben, raubt der Vögte Geiz –
Die Herzen alle dieses biedern Volks 1050
Erregt ich mit dem Stachel meiner Worte,
Und unser sind sie all mit Herz und Mund.

Stauffacher: Großes habt Ihr in kurzer Frist geleistet.

Melchthal: Ich tat noch mehr. Die beiden Festen sind's,

1055 *Rossberg* und *Sarnen,* die der Landmann fürchtet,

Denn hinter ihren Felsenwällen schirmt

Der Feind sich leicht und schädiget das Land.

Mit eignen Augen wollt ich es erkunden,

Ich war zu Sarnen und besah die Burg.

1060 **Stauffacher:** Ihr wagtet Euch bis in des Tigers Höhle?

Melchthal: Ich war verkleidet dort in Pilgerstracht,

Ich sah den Landvogt an der Tafel schwelgen –

Urteilt, ob ich mein Herz bezwingen kann,

Ich sah den Feind und ich erschlug ihn nicht.

1065 **Stauffacher:** Fürwahr, das Glück war Eurer Kühnheit hold.

(Unterdessen sind die andern Landleute vorwärtsgekommen
und nähern sich den beiden.)

Doch jetzo sagt mir, wer die Freunde sind

Und die gerechten Männer, die Euch folgten?

Macht mich bekannt mit ihnen, dass wir uns

Zutraulich nahen und die Herzen öffnen.

1070 **Meier:** Wer kennte *Euch* nicht, Herr, in den drei Landen?

Ich bin der Meir von Sarnen, dies hier ist

Mein Schwestersohn, der Struth von Winkelried.

Stauffacher: Ihr nennt mir keinen unbekannten Namen.

Ein Winkelried war's, der den Drachen schlug

1075 Im Sumpf bei Weiler und sein Leben ließ

In diesem Strauß.

Winkelried: Das war mein Ahn, Herr Werner.

Melchthal *(zeigt auf zwei Landleute)*:

Die wohnen hinterm Wald, sind Klosterleute

Vom Engelberg – Ihr werdet sie drum nicht

Verachten, weil sie *eigne* Leute sind

1080 Und nicht wie wir frei sitzen auf dem Erbe –

Sie lieben's Land, sind sonst auch wohl berufen.

Stauffacher *(zu den beiden)*:

Gebt mir die Hand. Es preise sich, wer keinem

Strauß:
hier Kampf

Klosterleute:
leibeigene Bauern
des Klosters

eigne Leute:
Leibeigene

wohl berufen:
befähigt,
in der Lage

Mit seinem Leibe
pflichtig:
zur Leibeigen-
schaft verpflichtet

Widerpart:
Gegner

rechten:
streiten

brav:
hier treffend

lauter:
rechtmäßig

Mit seinem Leibe pflichtig ist auf Erden,
Doch Redlichkeit gedeiht in jedem Stande.
Konrad Hunn:
Das ist Herr Reding, unser Altlandammann.   1085
Meier: Ich kenn Ihn wohl. Er ist mein Widerpart,
Der um ein altes Erbstück mit mir rechtet.
– Herr Reding, wir sind Feinde vor Gericht,
Hier sind wir einig. *(Schüttelt ihm die Hand)*
Stauffacher: Das ist brav gesprochen.
Winkelried: Hört ihr? Sie kommen. Hört das Horn von Uri!   1090
(Rechts und links sieht man bewaffnete Männer mit Wind-
lichtern die Felsen herabsteigen.)
Auf der Mauer:
Seht! Steigt nicht selbst der fromme Diener Gottes,
Der würd'ge Pfarrer mit herab? Nicht scheut er
Des Weges Mühen und das Graun der Nacht,
Ein treuer Hirte für das Volk zu sorgen.
Baumgarten: Der Sigrist folgt ihm und Herr Walter Fürst,   1095
Doch nicht den Tell erblick ich in der Menge.
(Walter Fürst, Rösselmann, der Pfarrer, Petermann, der
Sigrist, Kuoni, der Hirt, Werni, der Jäger, Ruodi, der Fischer
und noch fünf andere Landleute, alle zusammen, dreiund-
dreißig an der Zahl, treten vorwärts und stellen sich um das
Feuer.)
Walter Fürst: So müssen wir auf unserm eignen Erb
Und väterlichen Boden uns verstohlen
Zusammenschleichen, wie die Mörder tun,
Und bei der Nacht, die ihren schwarzen Mantel   1100
Nur dem Verbrechen und der sonnenscheuen
Verschwörung leiht, unser gutes Recht
Uns holen, das doch lauter ist und klar,
Gleichwie der glanzvoll offne Schoß des Tages.
Melchthal:
Lasst's gut sein. Was die dunkle Nacht gesponnen,   1105
Soll frei und fröhlich an das Licht der Sonnen.

Rösselmann:

Hört, was mir Gott ins Herz gibt, Eidgenossen!

Wir stehen hier statt einer Landsgemeinde

Und können gelten für ein ganzes Volk,

1110 So lasst uns tagen nach den alten Bräuchen

Des Lands, wie wir's in ruhigen Zeiten pflegen,

Was ungesetzlich ist in der Versammlung,

Entschuldige die Not der Zeit. Doch Gott

Ist überall, wo man das Recht verwaltet,

1115 Und unter seinem Himmel stehen wir.

Stauffacher: Wohl, lasst uns tagen nach der alten Sitte,

Ist es gleich Nacht, so leuchtet unser Recht.

Melchthal: Ist gleich die Zahl nicht voll, das *Herz* ist hier

Des ganzen Volks, die *Besten* sind zugegen.

1120 **Konrad Hunn:** Sind auch die alten Bücher nicht zur Hand,

Sie sind in unsre Herzen eingeschrieben.

Rösselmann: Wohlan, so sei der Ring sogleich gebildet.

Man pflanze *auf* die Schwerter der Gewalt.

Auf der Mauer: Der Landesammann nehme seinen Platz

1125 Und seine Weibel stehen ihm zur Seite!

Sigrist: Es sind der Völker dreie. Welchem nun

Gebührts, das Haupt zu geben der Gemeinde?

Meier: Um diese Ehr mag Schwyz mit Uri streiten,

Wir Unterwaldner stehen frei zurück.

1130 **Melchthal:** Wir stehn zurück, wir sind die Flehenden,

Die Hülfe heischen von den mächtgen Freunden.

Stauffacher: So nehme Uri denn das Schwert, sein Banner

Zieht bei den Römerzügen uns voran.

Walter Fürst: Des Schwertes Ehre werde Schwyz zuteil,

1135 Denn seines Stammes rühmen wir uns alle.

Rösselmann:

Den edeln Wettstreit lasst mich freundlich schlichten,

Schwyz soll im Rat, Uri im Felde führen.

Walter Fürst *(reicht dem Stauffacher die Schwerter)*:

So nehmt!

Man pflanze auf die Schwerter der Gewalt: Man sei zum Kampf bereit

Weibel: Gerichtsdiener

Stauffacher: Nicht mir, dem Alter sei die Ehre.

Im Hofe: Die meisten Jahre zählt Ulrich der Schmied.

Auf der Mauer:

Der Mann ist wacker, doch nicht freien Stands,   1140

Kein eigner Mann kann Richter sein in Schwyz.

Stauffacher:

Steht nicht Herr Reding hier, der Altlandammann?

Was suchen wir noch einen Würdigern?

Walter Fürst: Er sei der Ammann und des Tages Haupt!

Wer dazu stimmt, erhebe seine Hände.   1145

(Alle heben die rechte Hand auf.)

Reding *(tritt in die Mitte)*:

Ich kann die Hand nicht auf die Bücher legen,

So schwör ich droben bei den ew'gen Sternen,

Dass ich mich nimmer will vom Recht entfernen.

(Man richtet die zwei Schwerter vor ihm auf, der Ring bildet

sich um ihn her, Schwyz hält die Mitte, rechts stellt sich Uri

und links Unterwalden. Er steht auf sein Schlachtschwert

gestützt.)

Was ist's, das die drei Völker des Gebirgs

Hier an des Sees unwirtlichem Gestade   1150

Zusammenführte in der Geisterstunde?

Was soll der Inhalt sein des neuen Bunds,

Den wir hier unterm Sternenhimmel stiften?

Stauffacher *(tritt in den Ring)*:

Wir stiften keinen neuen Bund, es ist

Ein uralt Bündnis nur von Väter Zeit,   1155

Das wir erneuern! Wisset, Eidgenossen!

Ob uns der See, ob uns die Berge scheiden

Und jedes Volk sich für sich selbst regiert,

So sind wir *eines* Stammes doch und Bluts

Und *eine* Heimat ist's, aus der wir zogen.   1160

Winkelried: So ist es wahr, wie's in den Liedern lautet,

Dass wir von fernher in das Land gewallt?

O, teilts uns mit, was Euch davon bekannt,
Dass sich der neue Bund am alten stärke.

1165 **Stauffacher:** Hört, was die alten Hirten sich erzählen.
– Es war ein großes Volk, hinten im Lande
Nach Mitternacht, das litt von schwerer Teurung.
In dieser Not beschloss die Landsgemeinde,
Dass je der zehnte Bürger nach dem Los
1170 Der Väter Land verlasse – das geschah!
Und zogen aus, wehklagend, Männer und Weiber,
Ein großer Heerzug, nach der Mittagsonne,
Mit dem Schwert sich schlagend durch das deutsche Land,
Bis an das Hochland dieser Waldgebirge.
1175 Und eher nicht ermüdete der Zug,
Bis dass sie kamen in das wilde Tal,
Wo jetzt die Muotta zwischen Wiesen rinnt –
Nicht Menschenspuren waren hier zu sehen,
Nur eine Hütte stand am Ufer einsam,
1180 Da saß ein Mann und wartete der Fähre –
Doch heftig wogete der See und war
Nicht fahrbar; da besahen sie das Land
Sich näher und gewahrten schöne Fülle
Des Holzes und entdeckten gute Brunnen
1185 Und meinten, sich im lieben Vaterland
Zu finden – Da beschlossen sie zu bleiben,
Erbaueten den alten Flecken *Schwyz*
Und hatten manchen sauren Tag, den Wald
Mit weit verschlungnen Wurzeln auszuroden –
1190 Drauf, als der Boden nicht mehr G'nügen tat
Der Zahl des Volks, da zogen sie hinüber
Zum schwarzen Berg, ja bis ans Weißland hin,
Wo, hinter ew'gem Eiseswall verborgen,
Ein andres Volk in andern Zungen spricht.
1195 Den Flecken *Stanz* erbauten sie am Kernwald,
Den Flecken *Altorf* in dem Tal der Reuß –
Doch blieben sie des Ursprungs stets gedenk,

Muotta:
Fluss im Kanton
Schwyz

Weißland:
Tal im Kanton
Bern

Aus all den fremden Stämmen, die seitdem
In Mitte ihres Lands sich angesiedelt,
Finden die Schwyzer Männer sich heraus, 1200
Es gibt das Herz, das Blut sich zu erkennen.
(Reicht rechts und links die Hand hin)
Auf der Mauer: Ja, wir sind eines Herzens, eines Bluts!
Alle *(sich die Hände reichend)*:
Wir sind *ein* Volk und einig wollen wir handeln.
Stauffacher: Die andern Völker tragen fremdes Joch,
Sie haben sich dem Sieger unterworfen. 1205
Es leben selbst in unsern Landesmarken
Der Sassen viel, die fremde Pflichten tragen
Und ihre Knechtschaft erbt auf ihre Kinder.
Doch *wir,* der alten Schweizer echter Stamm,
Wir haben stets die Freiheit uns bewahrt. 1210
Nicht unter Fürsten bogen wir das Knie,
Freiwillig wählten wir den Schirm der Kaiser.
Rösselmann:
Frei wählten wir des Reiches Schutz und Schirm,
So steht's bemerkt in Kaiser Friedrichs Brief.
Stauffacher: Denn herrenlos ist auch der Freiste nicht. 1215
Ein Oberhaupt muss sein, ein höchster Richter,
Wo man das Recht mag schöpfen in dem Streit.
Drum haben unsre Väter für den Boden,
Den sie der alten Wildnis abgewonnen,
Die Ehr gegönnt dem Kaiser, der den Herrn 1220
Sich nennt der deutschen und der welschen Erde
Und wie die andern Freien seines Reichs
Sich ihm zu edelm Waffendienst gelobt,
Denn dieses ist der Freien einz'ge Pflicht,
Das Reich zu schirmen, das sie selbst beschirmt. 1225
Melchthal: Was drüber ist, ist Merkmal eines Knechts.
Stauffacher: Sie folgten, wenn der Heribann erging,
Dem Reichspanier und schlugen seine Schlachten.
Nach Welschland zogen sie gewappnet mit,

Sasse: abhängiger Bauer ohne Rechte

Wo man Recht mag schöpfen in dem Streit: Wo man in einem Streitfall Recht spricht

wenn der Heribann erging: wenn zum Waffendienst aufgerufen wurde

Reichspanier: Reichsbanner, Kriegsfahne

1230 Die Römerkron ihm auf das Haupt zu setzen.
Daheim regierten sie sich fröhlich selbst
Nach altem Brauch und eigenem Gesetz,
Der höchste Blutbann war allein des Kaisers.
Und dazu ward bestellt ein großer Graf,
1235 Der hatte seinen Sitz nicht in dem Lande,
Wenn Blutschuld kam, so rief man ihn herein
Und unter offnem Himmel, schlicht und klar,
Sprach er das Recht und ohne Furcht der Menschen.
Wo sind hier Spuren, dass wir Knechte sind?
1240 Ist einer, der es anders weiß, der rede!
Im Hofe: Nein, so verhält sich alles, wie Ihr sprecht,
Gewaltherrschaft ward nie bei uns geduldet.
Stauffacher: Dem Kaiser selbst versagten wir Gehorsam,
Da er das Recht zu Gunst der Pfaffen bog.
1245 Denn als die Leute von dem Gotteshaus
Einsiedeln uns die Alp in Anspruch nahmen,
Die wir beweidet seit der Väter Zeit,
Der Abt herfürzog einen alten Brief,
Der ihm die herrenlose Wüste schenkte –
1250 Denn unser Dasein hatte man verhehlt –
Da sprachen wir: »Erschlichen ist der Brief,
Kein Kaiser kann, was unser ist, verschenken.
Und wird uns Recht versagt vom Reich, wir können
In unsern Bergen auch des Reichs entbehren.«
1255 – So sprachen unsre Väter! Sollen *wir*
Des neuen Joches Schändlichkeit erdulden,
Erleiden von dem fremden Knecht, was uns
In seiner Macht kein Kaiser durfte bieten?
– Wir haben diesen Boden uns *erschaffen*
1260 Durch unsrer Hände Fleiß, den alten Wald,
Der sonst der Bären wilde Wohnung war,
Zu einem Sitz für Menschen umgewandelt,
Die Brut des Drachen haben wir getötet,
Der aus den Sümpfen giftgeschwollen stieg,

Römerkron:
Kaiserkrone des
Heiligen Römi-
schen Reiches
Deutscher Nation

der höchste Blut-
bann war allein
des Kaisers:
nur der Kaiser
durfte ein Todes-
urteil erlassen

verhehlen:
verschweigen

Die Nebeldecke haben wir zerrissen, 1265
Die ewig grau um diese Wildnis hing,
Den harten Fels gesprengt, über den Abgrund
Dem Wandersmann den sichern Steg geleitet,
Unser ist durch tausendjährigen Besitz
Der Boden – und der fremde Herrenknecht 1270
Soll kommen dürfen und uns Ketten schmieden
Und Schmach antun auf unsrer eignen Erde?
Ist keine Hülfe gegen solchen Drang?
(Eine große Bewegung unter den Landleuten)
Nein, eine Grenze hat Tyrannenmacht,
Wenn der Gedrückte nirgends Recht kann finden, 1275
Wenn unerträglich wird die Last – greift er
Hinauf getrosten Mutes in den Himmel
Und holt herunter seine ew'gen Rechte,
Die droben hangen unveräußerlich
Und unzerbrechlich wie die Sterne selbst – 1280

Urstand der Natur: »Urzustand«, in dem alle Menschen mit den gleichen Rechten ausgestattet sind

Der alte Urstand der Natur kehrt wieder,
Wo Mensch dem Menschen gegenübersteht –
Zum letzten Mittel, wenn kein andres mehr
Verfangen will, ist ihm das Schwert gegeben –
Der Güter höchstes dürfen wir verteid'gen 1285

verfangen: *hier* die gewünschte Wirkung zeigen

Gegen Gewalt – Wir stehn vor unser Land,
Wir stehn vor unsre Weiber, unsre Kinder!
Alle *(an ihre Schwerter schlagend)*:
Wir stehn vor unsre Weiber, unsre Kinder!
Rösselmann *(tritt in den Ring)*:
Eh ihr zum Schwerte greift, bedenkt es wohl.
Ihr könnt es friedlich mit dem Kaiser schlichten. 1290
Es kostet euch ein Wort, und die Tyrannen,
Die euch jetzt schwer bedrängen, schmeicheln euch.
– Ergreift, was man euch oft geboten hat,
Trennt euch vom Reich, erkennet Östreichs Hoheit –
Auf der Mauer:
Was sagt der Pfarrer? Wir zu Östreich schwören! 1295

Am Bühel:
Hört ihn nicht an!
Winkelried: Das rät uns ein Verräter,
Ein Feind des Landes!
Reding: Ruhig, Eidgenossen!
Sewa: Wir Östreich huldigen, nach solcher Schmach!
Von der Flüe: Wir uns abtrotzen lassen durch Gewalt,
Was wir der Güte weigerten!

Was wir der Güte
weigerten:
Was wir auch
unter friedlichen
Bedingungen
verweigerten

1300 **Meier:**   Dann wären
Wir Sklaven und verdienten es zu sein!
Auf der Mauer:
Der sei gestoßen aus dem Recht der Schweizer,
Wer von Ergebung spricht an Österreich!
– Landammann, ich bestehe drauf, dies sei
1305 Das erste Landsgesetz, das wir hier geben.
Melchthal:
So sei's. Wer von Ergebung spricht an Östreich,
Soll rechtlos sein und aller Ehren bar,
Kein Landmann nehm ihn auf an seinem Feuer.

aller Ehren bar:
entehrt, ohne
Rechte

Alle (heben die rechte Hand auf):
Wir wollen es, das sei Gesetz!
Reding (nach einer Pause):   Es ist's.
1310 **Rösselmann:** Jetzt seid ihr frei, ihr seid's durch dies Gesetz,
Nicht durch Gewalt soll Österreich ertrotzen,
Was es durch freundlich Werben nicht erhielt –
Jost von Weiler: Zur Tagesordnung, weiter.
Reding: Eidgenossen!
Sind alle sanften Mittel auch versucht?
1315 Vielleicht weiß es der König nicht, es ist
Wohl gar sein Wille nicht, was wir erdulden.
Auch dieses Letzte sollten wir versuchen,
Erst unsre Klage bringen vor sein Ohr,
Eh wir zum Schwerte greifen. Schrecklich immer
1320 Auch in gerechter Sache ist Gewalt,
Gott hilft nur dann, wenn Menschen nicht mehr helfen.

Stauffacher *(zu Konrad Hunn)*:

Nun ist's an Euch, Bericht zu geben. Redet.

Konrad Hunn: Ich war zu Rheinfeld an des Kaisers Pfalz,

Wider der Vögte harten Druck zu klagen,

Den Brief zu holen unsrer alten Freiheit, 1325

Den jeder neue König sonst bestätigt.

Die Boten vieler Städte fand ich dort,

Vom schwäbschen Lande und vom Lauf des Rheins,

Die all erhielten ihre Pergamente

Und kehrten freudig wieder in ihr Land. 1330

Mich, *euren* Boten, wies man an die Räte

Und die entließen mich mit leerem Trost:

»Der Kaiser habe diesmal keine Zeit,

Er würde sonst einmal wohl an uns denken.«

– Und als ich traurig durch die Säle ging 1335

Der Königsburg, da sah ich Herzog Hansen

In einem Erker weinend stehn, um ihn

Die edeln Herrn von Wart und Tegerfeld.

Die riefen mir und sagten: »Helft euch selbst,

Gerechtigkeit erwartet nicht vom König. 1340

Beraubt er nicht des eignen Bruders Kind

Und hinterhält ihm sein gerechtes Erbe?

Der Herzog fleht' ihn um sein Mütterliches,

Er habe seine Jahre voll, es wäre

Nun Zeit, auch Land und Leute zu regieren. 1345

Was ward ihm zum Bescheid? Ein Kränzlein setzt' ihm

Der Kaiser auf: Das sei die Zier der Jugend.«

Auf der Mauer: Ihr habt's gehört. Recht und Gerechtigkeit

Erwartet nicht vom Kaiser! Helft euch selbst!

Reding: Nichts andres bleibt uns übrig. Nun gebt Rat, 1350

Wie wir es klug zum frohen Ende leiten.

Walter Fürst *(tritt in den Ring)*:

Abtreiben wollen wir verhassten Zwang,

Die alten Rechte, wie wir sie ererbt

Von unsern Vätern, wollen wir bewahren,

Marginalien:

Pfalz: Hofburg des Kaisers

Herzog Hansen: Herzog Johann von Schwaben

hinterhalten: vorenthalten

sein Mütterliches: *hier* Erbschaft mütterlicherseits

abtreiben: *hier* loswerden

1355 Nicht ungezügelt nach dem Neuen greifen.

Dem Kaiser bleibe, was des Kaisers ist,

Wer einen Herrn hat, dien ihm pflichtgemäß.

Meier: Ich trage Gut von Österreich zu Lehen.

Walter Fürst: Ihr fahret fort Östreich die Pflicht zu leisten.

1360 **Jost von Weiler:** Ich steure an die Herrn von Rapperswil.

Walter Fürst: Ihr fahret fort, zu zinsen und zu steuern.

Rösselmann: Der großen Frau zu Zürch bin ich vereidet.

Walter Fürst: Ihr gebt dem Kloster, was des Klosters ist.

Stauffacher: Ich trage keine Lehen als des Reichs.

Walter Fürst:

1365 Was sein muss, das geschehe, doch nicht drüber.

Die Vögte wollen wir mit ihren Knechten

Verjagen und die festen Schlösser brechen,

Doch, wenn es sein mag, ohne Blut. Es sehe

Der Kaiser, dass wir notgedrungen nur

1370 Der Ehrfurcht fromme Pflichten abgeworfen.

Und sieht er uns in unsern Schranken bleiben,

Vielleicht besiegt er staatsklug seinen Zorn,

Denn bill'ge Furcht erwecket sich ein Volk,

Das mit dem Schwerte in der Faust sich *mäßigt*.

1375 **Reding:** Doch lasset hören! *Wie* vollenden wir's?

Es hat der Feind die Waffen in der Hand

Und nicht fürwahr in Frieden wird er weichen.

Stauffacher: Er wird's, wenn er in Waffen uns erblickt,

Wir überraschen ihn, eh er sich rüstet.

1380 **Meier:** Ist bald gesprochen, aber schwer getan.

Uns ragen in dem Land zwei feste Schlösser,

Die geben Schirm dem Feind und werden furchtbar,

Wenn uns der König in das Land sollt' fallen.

Rossberg und Sarnen muss bezwungen sein,

1385 Eh man ein Schwert erhebt in den drei Landen.

Stauffacher:

Säumt man so lang, so wird der Feind gewarnt,

Zu viele sind's, die das Geheimnis teilen.

steuern:
Steuern zahlen

große Frau zu
Zürch:
Äbtissin eines
Klosters in Zürich

bill'ge Furcht
erwecket sich ein
Volk:
das Volk gewinnt
angemessene
Anerkennung

Meier: In den Waldstätten find't sich kein Verräter.

Rösselmann: Der Eifer auch, der gute, kann verraten.

Walter Fürst:

Schiebt man es auf, so wird der Twing vollendet 1390

In Altorf und der Vogt befestigt sich.

Meier: Ihr denkt an *euch.*

Sigrist: Und Ihr seid ungerecht.

Meier *(auffahrend)***:** Wir ungerecht! Das darf uns Uri bieten!

Reding: Bei eurem Eide, Ruh!

Meier: Ja, wenn sich Schwyz

Versteht mit Uri, müssen *wir* wohl schweigen. 1395

Reding: Ich muss euch weisen vor der Landsgemeinde,

Dass ihr mit heft'gem Sinn den Frieden stört!

Stehn wir nicht alle für dieselbe Sache?

Winkelried:

Wenn wir's verschieben bis zum Fest des Herrn,

Dann bringts die Sitte mit, dass alle Sassen 1400

Dem Vogt Geschenke bringen auf das Schloss,

So können zehen Männer oder zwölf

Sich unverdächtig in der Burg versammeln,

Die führen heimlich spitz'ge Eisen mit,

Die man geschwind kann an die Stäbe stecken, 1405

Denn niemand kommt mit Waffen in die Burg.

Zunächst im Wald hält dann der große Haufe,

Und wenn die andern glücklich sich des Tors

Ermächtiget, so wird ein Horn geblasen

Und jene brechen aus dem Hinterhalt, 1410

So wird das Schloss mit leichter Arbeit unser.

Melchthal: Den Rossberg übernehm ich zu ersteigen,

Denn eine Dirn des Schlosses ist mir hold

Und leicht betör ich sie zum nächtlichen

Besuch die schwanke Leiter mir zu reichen, 1415

Bin ich droben erst, zieh ich die Freunde nach.

Reding: Ist's aller Wille, dass verschoben werde?

(Die Mehrheit erhebt die Hand.)

Fest des Herrn: Weihnachten

schwanke Leiter: Strickleiter

Stauffacher *(zählt die Stimmen)*:
Es ist ein Mehr von zwanzig gegen zwölf!
Walter Fürst: Wenn am bestimmten Tag die Burgen fallen,
1420 So geben wir von einem Berg zum andern
Das Zeichen mit dem Rauch, der Landsturm wird
Aufgeboten, schnell, im Hauptort jedes Landes,
Wenn dann die Vögte sehn der Waffen Ernst,
Glaubt mir, sie werden sich des Streits begeben
1425 Und gern ergreifen friedliches Geleit
Aus unsern Landesmarken zu entweichen.
Stauffacher:
Nur mit dem Geßler fürcht ich schweren Stand,
Furchtbar ist er mit Reisigen umgeben,
Nicht ohne Blut räumt er das Feld, ja selbst
1430 Vertrieben bleibt er furchtbar noch dem Land,
Schwer ist's und fast gefährlich, ihn zu schonen.
Baumgarten: Wo's halsgefährlich ist, da stellt *mich* hin,
Dem Tell verdank ich mein gerettet Leben.
Gern schlag ich's in die Schanze für das Land,
1435 Mein Ehr hab ich beschützt, mein Herz befriedigt.
Reding: Die Zeit bringt Rat. Erwartet's in Geduld.
Man muss dem Augenblick auch was vertrauen.
– Doch seht, indes wir nächtlich hier noch tagen,
Stellt auf den höchsten Bergen schon der Morgen
1440 Die glühnde Hochwacht aus – Kommt, lasst uns scheiden,
Eh uns des Tages Leuchten überrascht.
Walter Fürst:
Sorgt nicht, die Nacht weicht langsam aus den Tälern.
*(Alle haben unwillkürlich die Hüte abgenommen und
betrachten mit stiller Sammlung die Morgenröte.)*
Rösselmann: Bei diesem Licht, das uns zuerst begrüßt
Von allen Völkern, die tief unter uns
1445 Schwer atmend wohnen in dem Qualm der Städte,
Lasst uns den Eid des neuen Bundes schwören.
– Wir wollen sein ein einzig Volk von Brüdern,

der Landsturm
wird aufgeboten:
die waffenfähigen
Männer verteidigen das Land

sich des Streits
begeben:
den Streit
beenden

in die Schanze
schlagen:
sich einsetzen

In keiner Not uns trennen und Gefahr.
(Alle sprechen es nach mit erhobenen drei Fingern.)
– Wir wollen frei sein, wie die Väter waren,
Eher den Tod als in der Knechtschaft leben. *(Wie oben)*   1450
– Wir wollen trauen auf den höchsten Gott
Und uns nicht fürchten vor der Macht der Menschen.
(Wie oben. Die Landleute umarmen einander.)
Stauffacher: Jetzt gehe jeder seines Weges still
Zu seiner Freundschaft und Genosssame.
Wer Hirt ist, wintre ruhig seine Herde   1455
Und werb im Stillen Freunde für den Bund,
– *Was* noch bis dahin muss erduldet werden,
Erduldet's! Lasst die Rechnung der Tyrannen
Anwachsen, bis *ein* Tag die allgemeine
Und die besondre Schuld auf einmal zahlt.   1460
Bezähme jeder die gerechte Wut
Und spare für das Ganze seine Rache,
Denn Raub begeht am allgemeinen Gut,
Wer selbst sich hilft in seiner eignen Sache.
(Indem sie zu drei verschiednen Seiten in größter Ruhe abge-
hen, fällt das Orchester mit einem prachtvollen Schwung ein,
die leere Szene bleibt noch eine Zeit lang offen und zeigt das
Schauspiel der aufgehenden Sonne über den Eisgebirgen.)

Genosssame:
Bezirk, Dorf-
gemeinschaft

Dritter Aufzug

Erste Szene

Hof vor Tells Hause

Er ist mit der Zimmeraxt, Hedwig mit einer häuslichen Arbeit beschäftigt. Walter und Wilhelm in der Tiefe spielen mit einer kleinen Armbrust.

Walter *(singt)*:

Weih:
Weihe (Vogelart)

1465   Mit dem Pfeil, dem Bogen,
   Durch Gebirg und Tal
   Kommt der Schütz gezogen
   Früh am Morgenstrahl.

   Wie im Reich der Lüfte
1470   König ist der Weih, –
   Durch Gebirg und Klüfte
   Herrscht der Schütze frei.

   Ihm gehört das Weite,
   Was sein Pfeil erreicht,
1475   Das ist seine Beute,
   Was da kreucht und fleugt.

(Kommt gesprungen)
Der Strang ist mir entzwei. Mach mir ihn, Vater.
Tell: Ich nicht. Ein rechter Schütze hilft sich selbst.
(Knaben entfernen sich.)
Hedwig: Die Knaben fangen zeitig an zu schießen.

Strang:
hier Bogensehne

Tell: Früh übt sich, was ein Meister werden will. 1480

Hedwig: Ach wollte Gott, sie lernten's nie!

Tell: Sie sollen alles lernen. Wer durchs Leben
Sich frisch will schlagen, muss zu Schutz und Trutz
Gerüstet sein.

Hedwig: Ach, es wird keiner seine Ruh
Zu Hause finden.

Tell: Mutter, ich kann's auch nicht, 1485
Zum Hirten hat Natur mich nicht gebildet,
Rastlos muss ich ein flüchtig Ziel verfolgen,
Dann erst genieß ich meines Lebens recht,
Wenn ich mir's jeden Tag aufs Neu erbeute.

Hedwig: Und an die Angst der Hausfrau denkst du nicht, 1490

sich härmen: sich Sorgen machen — Die sich indessen, deiner wartend, härmt,
Denn mich erfüllt's mit Grausen, was die Knechte
Von euren Wagefahrten sich erzählen.
Bei jedem Abschied zittert mir das Herz,
Dass du mir nimmer werdest wiederkehren. 1495
Ich sehe dich im wilden Eisgebirg,
Verirrt, von einer Klippe zu der andern
Den Fehlsprung tun, seh, wie die Gemse dich
Rückspringend mit sich in den Abgrund reißt,

Windlawine: durch Wind verursachte Lawine — Wie eine Windlawine dich verschüttet, 1500
Wie unter dir der trügerische Firn
Einbricht und du hinabsinkst, ein lebendig
Begrabner, in die schauerliche Gruft –

haschen: fangen — Ach, den verwegnen Alpenjäger hascht
Der Tod in hundert wechselnden Gestalten, 1505
Das ist ein unglückseliges Gewerb,

gelenke Kraft: Beweglichkeit — Das halsgefährlich führt am Abgrund hin!
Tell: Wer frisch umherspäht mit gesunden Sinnen,

Der ringt sich leicht aus jeder Fahr und Not: Der kann Gefahr und Not leicht entkommen — Auf Gott vertraut und die gelenke Kraft,
Der ringt sich leicht aus jeder Fahr und Not, 1510
Den schreckt der Berg nicht, der darauf geboren.
(Er hat seine Arbeit vollendet, legt das Gerät hinweg.)

Jetzt, mein ich, hält das Tor auf Jahr und Tag.
Die Axt im Haus erspart den Zimmermann.
(Nimmt den Hut)
Hedwig: Wo gehst du hin?
Tell: Nach Altorf, zu dem Vater.
1515 **Hedwig:** Sinnst du auch nichts Gefährliches? Gesteh mir's.
Tell: Wie kommst du darauf, Frau?
Hedwig: Es spinnt sich etwas
Gegen die Vögte – Auf dem Rütli ward
Getagt, ich weiß, und du bist auch im Bunde.
Tell: Ich war nicht mit dabei – doch werd ich mich
1520 Dem Lande nicht entziehen, wenn es ruft.
Hedwig: Sie werden dich hinstellen, wo Gefahr ist,
Das Schwerste wird dein Anteil sein, wie immer.
Tell: Ein jeder wird besteuert nach Vermögen.
Hedwig: Den Unterwaldner hast du auch im Sturme
1525 Über den See geschafft – Ein Wunder war's,
Dass ihr entkommen – Dachtest du denn gar nicht
An Kind und Weib?
Tell: Lieb Weib, ich dacht an euch,
Drum rettet' ich den Vater seinen Kindern.
Hedwig: Zu schiffen in dem wüt'gen See! Das heißt
1530 Nicht Gott vertrauen! Das heißt Gott versuchen.
Tell: Wer gar zu viel bedenkt, wird wenig leisten.
Hedwig: Ja, du bist gut und hilfreich, dienest allen,
Und wenn du selbst in Not kommst, hilft dir keiner.
Tell: Verhüt es Gott, dass ich nicht Hülfe brauche.
(Er nimmt die Armbrust und Pfeile.)
1535 **Hedwig:** Was willst du mit der Armbrust? Lass sie hier.
Tell: Mir fehlt der Arm, wenn mir die Waffe fehlt.
(Die Knaben kommen zurück.)
Walter: Vater, wo gehst du hin?
Tell: Nach Altorf, Knabe,
Zum Ehni – Willst du mit?
Walter: Ja freilich will ich.

Es spinnt sich etwas:
Es passiert etwas

versuchen:
hier herausfordern

Ehni:
Großvater

Hedwig: Der Landvogt ist jetzt dort. Bleib weg von Altorf.

Tell: Er *geht*, noch heute.

Hedwig: Drum lass ihn erst fort sein.   1540

gemahnen: erinnern

Gemahn ihn nicht an dich, du weißt, er grollt uns.

Tell: Mir soll sein böser Wille nicht viel schaden,

Ich tue recht und scheue keinen Feind.

Hedwig: Die recht tun, eben die hasst er am meisten.

Tell: Weil er nicht an sie kommen kann – Mich wird   1545

Der Ritter wohl in Frieden lassen, mein ich.

Hedwig: So, weißt du das?

Tell: Es ist nicht lange her,

Da ging ich jagen durch die wilden Gründe

Des Schächentals auf menschenleerer Spur,

Und da ich einsam einen Felsensteig   1550

Verfolgte, wo nicht auszuweichen war,

Denn über mir hing schroff die Felswand her

Schächen: Fluss im Kanton Uri

Und unten rauschte fürchterlich der Schächen,

(Die Knaben drängen sich rechts und links an ihn und sehen mit gespannter Neugier an ihm hinauf.)

Da kam der Landvogt gegen mich daher,

Er ganz allein mit mir, der auch allein war,   1555

Bloß Mensch zu Mensch und neben uns der Abgrund.

Und als der Herre mein ansichtig ward

Und mich erkannte, den er kurz zuvor

Um kleiner Ursach willen schwer gebüßt,

Und sah mich mit dem stattlichen Gewehr   1560

Dahergeschritten kommen, da verblasst' er,

Die Knie versagten ihm, ich sah es kommen,

Dass er jetzt an die Felswand würde sinken.

– Da jammerte mich sein, ich trat zu ihm

bescheidentlich: vorsichtig, abwartend

Bescheidentlich und sprach: Ich bin's, Herr Landvogt.   1565

Er aber konnte keinen armen Laut

Aus seinem Munde geben – Mit der Hand nur

Winkt' er mir schweigend, meines Wegs zu gehn,

Da ging ich fort und sandt ihm sein Gefolge.

1570 **Hedwig:** Er hat vor dir gezittert – Wehe dir!
Dass du ihn schwach gesehn, vergibt er nie.
Tell: Drum meid ich ihn und er wird *mich* nicht suchen.
Hedwig: Bleib heute nur dort weg. Geh lieber jagen.
Tell: Was fällt dir ein?
Hedwig: Mich ängstigt's. Bleibe weg.
1575 **Tell:** Wie kannst du dich so ohne Ursach quälen?
Hedwig: *Weil's* keine Ursach hat – Tell, bleibe hier.
Tell: Ich hab's versprochen, liebes Weib, zu kommen.
Hedwig: Musst du, so geh – Nur lasse mir den Knaben!
Walter: Nein, Mütterchen. Ich gehe mit dem Vater.
1580 **Hedwig:** Wälty, verlassen willst du deine Mutter?
Walter: Ich bring dir auch was Hübsches mit vom Ehni.
(Geht mit dem Vater)
Wilhelm: Mutter, ich bleibe bei dir!
Hedwig *(umarmt ihn)***:** Ja, du bist
Mein liebes Kind, du bleibst mir noch allein!
*(Sie geht an das Hoftor und folgt den Abgehenden lange mit
den Augen.)*

Zweite Szene

*Eine eingeschlossene wilde Waldgegend, Staubbäche stürzen
von den Felsen*

Staubbäche:
kleine Wasser-
fälle, die Gischt
erzeugen

Berta im Jagdkleid. Gleich darauf Rudenz

Berta: Er folgt mir. Endlich kann ich mich erklären.
Rudenz *(tritt rasch ein)***:**
1585 Fräulein, jetzt endlich find ich Euch allein,
Abgründe schließen ringsumher uns ein,
In dieser Wildnis fürcht ich keinen Zeugen,
Vom Herzen wälz ich dieses lange Schweigen –
Berta: Seid Ihr gewiss, dass uns die Jagd nicht folgt?

Jagd:
hier Jagdgesell-
schaft

Rudenz: Die Jagd ist dort hinaus – Jetzt oder nie! 1590
Ich muss den teuren Augenblick ergreifen –
Entschieden sehen muss ich mein Geschick,
Und sollt es mich auf ewig von Euch scheiden.

waffnen: – O, waffnet Eure güt'gen Blicke nicht
panzern Mit dieser finstern Strenge – *Wer* bin ich, 1595
Dass ich den kühnen Wunsch zu Euch erhebe?
Mich hat der Ruhm noch nicht genannt, ich darf
Mich in die Reih nicht stellen mit den Rittern,
Die siegberühmt und glänzend Euch umwerben.
Nichts hab ich als mein Herz voll Treu und Liebe – 1600
Berta *(ernst und streng)*:
Dürft Ihr von Liebe reden und von Treue,
Der treulos wird an seinen nächsten Pflichten?
(Rudenz tritt zurück.)
Der Sklave Österreichs, der sich dem Fremdling
Verkauft, dem Unterdrücker seines Volks?
Rudenz: Von Euch, mein Fräulein, hör ich diesen Vorwurf? 1605
Wen such ich denn als Euch auf jener Seite?
Berta: Mich denkt Ihr auf der Seite des Verrats
Zu finden? Eher wollt ich meine Hand
Dem Geßler selbst, dem Unterdrücker, schenken

naturvergessen: Als dem naturvergessnen Sohn der Schweiz, 1610
hier jmd., der Der sich zu seinem Werkzeug machen kann!
seine natürlichen **Rudenz:** O Gott, was muss ich hören?
Pflichten **Berta:**   Wie? Was liegt
vernachlässigt Dem guten Menschen näher als die Seinen?
Gibt's schönre Pflichten für ein edles Herz,
Als ein Verteidiger der Unschuld sein, 1615
Das Recht des Unterdrückten zu beschirmen?
– Die Seele blutet mir um Euer Volk,
Ich leide *mit* ihm, denn ich muss es lieben,
Das so bescheiden ist und doch voll Kraft,
Es zieht mein ganzes Herz mich zu ihm hin, 1620
Mit jedem Tage lern ich's mehr verehren.

– Ihr aber, den Natur und Ritterpflicht
Ihm zum geborenen Beschützer gaben
Und der's *verlässt*, der treulos übertritt
1625 Zum Feind und Ketten schmiedet seinem Land,
Ihr seid's, der mich verletzt und kränkt, ich muss
Mein Herz bezwingen, dass ich Euch nicht hasse.
Rudenz: Will ich denn nicht das Beste meines Volks?
Ihm unter Östreichs mächt'gem Zepter nicht
Den Frieden –
1630 **Berta:**   Knechtschaft wollt Ihr ihm bereiten!
Die Freiheit wollt Ihr aus dem letzten Schloss,
Das ihr noch auf der Erde blieb, verjagen.
Das Volk versteht sich besser auf sein Glück,
Kein Schein verführt sein sicheres Gefühl,
1635 Euch haben sie das Netz ums Haupt geworfen –
Rudenz: Berta! Ihr hasst mich, Ihr verachtet mich!
Berta: Tät ich's, mir wäre besser – Aber den
Verachtet *sehen* und verachtungswert,
Den man gern lieben möchte –
Rudenz: Berta! Berta!
1640 Ihr zeiget mir das höchste Himmelsglück
Und stürzt mich tief in *einem* Augenblick.
Berta: Nein, nein, das Edle ist nicht ganz erstickt
In Euch! Es schlummert nur, ich will es wecken,
Ihr müsst Gewalt ausüben an Euch selbst,
1645 Die angestammte Tugend zu ertöten,
Doch wohl Euch, sie ist mächtiger als Ihr
Und trotz Euch selber seid Ihr gut und edel!
Rudenz: Ihr glaubt an mich! O Berta, alles lässt
Mich Eure Liebe sein und werden!
Berta: Seid,
1650 Wozu die herrliche Natur Euch machte!
Erfüllt den Platz, wohin sie Euch gestellt,
Zu Eurem Volke steht und Eurem Lande
Und kämpft für Euer heilig Recht.

Rudenz: Weh mir!
Wie kann ich Euch erringen, Euch besitzen,
Wenn ich der Macht des Kaisers widerstrebe?   1655
Ist's der Verwandten mächt'ger Wille nicht,
Der über Eure Hand tyrannisch waltet?
Berta: In den Waldstätten liegen meine Güter,
Und ist der Schweizer frei, so bin auch ich's.
Rudenz: Berta! welch einen Blick tut Ihr mir auf!   1660
Berta:
Hofft nicht, durch Östreichs Gunst mich zu erringen,
Nach meinem Erbe strecken sie die Hand,
Das will man mit dem großen Erb vereinen.
Dieselbe Ländergier, die Eure Freiheit
Verschlingen will, sie drohet auch der meinen!   1665
– O Freund, zum Opfer bin ich ausersehn,
Vielleicht um einen Günstling zu belohnen –
Dort wo die Falschheit und die Ränke wohnen,
Hin an den Kaiserhof will man mich ziehn,
Dort harren mein verhasster Ehe Ketten,   1670
Die Liebe nur – die Eure kann mich retten!
Rudenz: Ihr könntet Euch entschließen hier zu leben,
In meinem Vaterlande mein zu sein?
O Berta, all mein Sehnen in das Weite,
Was war es als ein Streben nur nach Euch?   1675
Euch sucht' ich einzig auf dem Weg des Ruhms
Und all mein Ehrgeiz war nur meine Liebe.
Könnt Ihr mit mir Euch in dies stille Tal
Einschließen und der Erde Glanz entsagen –
O dann ist meines Strebens Ziel gefunden,   1680
Dann mag der Strom der wild bewegten Welt
Ans sichre Ufer dieser Berge schlagen –
Kein flüchtiges Verlangen hab ich mehr
Hinauszusenden in des Lebens Weiten –
Dann mögen diese Felsen um uns her   1685
Die undurchdringlich feste Mauer breiten

Ränke:
Intrigen

Und dies verschloss'ne sel'ge Tal allein
Zum Himmel offen und gelichtet sein!
Berta: Jetzt bist du ganz, wie dich mein ahnend Herz
1690 Geträumt, mich hat mein Glaube nicht betrogen!
Rudenz: Fahr hin, du eitler Wahn, der mich betört!
Ich soll das Glück in meiner Heimat finden.
Hier wo der Knabe fröhlich aufgeblüht,
Wo tausend Freudespuren mich umgeben,
1695 Wo alle Quellen mir und Bäume leben,
Im Vaterland willst du die Meine werden!
Ach, wohl hab ich es stets geliebt! Ich fühl's,
Es fehlte mir zu jedem Glück der Erden.
Berta: Wo wär die sel'ge Insel aufzufinden,
1700 Wenn sie nicht hier ist in der Unschuld Land?
Hier, wo die alte Treue heimisch wohnt,
Wo sich die Falschheit noch nicht hingefunden,
Da trübt kein Neid die Quelle unsers Glücks,
Und ewig hell entfliehen uns die Stunden.
1705 – Da seh ich *dich* im echten Männerwert,
Den Ersten von den Freien und den Gleichen,
Mit reiner, freier Huldigung verehrt,
Groß wie ein König wirkt in seinen Reichen.
Rudenz: Da seh ich dich, die Krone aller Frauen,
1710 In weiblich reizender Geschäftigkeit,
In meinem Haus den Himmel mir erbauen
Und, wie der Frühling seine Blumen streut,
Mit schöner Anmut mir das Leben schmücken
Und alles rings beleben und beglücken!
1715 **Berta:** Sieh, teurer Freund, warum ich trauerte,
Als ich dies höchste Lebensglück dich selbst
Zerstören sah – Weh mir! Wie stünd's um mich,
Wenn ich dem stolzen Ritter müsste folgen,
Dem Landbedrücker auf sein finstres Schloss!
1720 – Hier ist kein Schloss. Mich scheiden keine Mauern
Von einem Volk, das ich beglücken kann!

Landbedrücker:
Unterdrücker des
Landes

Rudenz: Doch wie mich retten – wie die Schlinge lösen,
Die ich mir töricht selbst ums Haupt gelegt?
Berta: Zerreiße sie mit männlichem Entschluss!
Was auch draus werde – Steh zu deinem Volk,   1725
Es ist dein angeborner Platz.
(Jagdhörner in der Ferne)
                                    Die Jagd
Kommt näher – Fort, wir müssen scheiden – Kämpfe
Fürs Vaterland, du kämpfst für deine Liebe!
Es ist *ein* Feind, vor dem wir alle zittern,
Und *eine* Freiheit macht uns alle frei!   1730
(Gehen ab)

Dritte Szene

*Wiese bei Altorf. Im Vordergrund Bäume, in der Tiefe der
Hut auf einer Stange. Der Prospekt wird begrenzt durch den
Bannberg, über welchem ein Schneegebirg emporragt.*

Frießhardt und Leuthold halten Wache.

Frießhardt: Wir passen auf umsonst. Es will sich niemand
Heranbegeben und dem Hut sein' Reverenz
Erzeigen. 's war doch sonst wie Jahrmarkt hier,
Jetzt ist der ganze Anger wie verödet,
Seitdem der Popanz auf der Stange hängt.   1735
Leuthold:
Nur schlecht Gesindel lässt sich sehn und schwingt
Uns zum Verdrieße die zerlumpten Mützen.
Was rechte Leute sind, die machen lieber
Den langen Umweg um den halben Flecken,
Eh sie den Rücken beugten vor dem Hut.   1740
Frießhardt: Sie müssen über diesen Platz, wenn sie
Vom Rathaus kommen um die Mittagstunde.
Da meint' ich schon 'nen guten Fang zu tun,

Reverenz
erzeigen:
Hochachtung
zeigen

Anger:
zentraler
Rasenplatz in
einem Dorf

Popanz:
Schreckgestalt

Verdrieße:
Ärger

rechte Leute:
ehrenhafte
Menschen

Flecken:
kleiner Ort

Denn keiner dachte dran, den Hut zu grüßen.

1745 Da sieht's der Pfaff, der Rösselmann – kam just

Von einem Kranken her – und stellt sich hin

Mit dem Hochwürdigen, grad vor die Stange –

Der Sigrist musste mit dem Glöcklein schellen,

Da fielen all aufs Knie, ich selber mit,

1750 Und grüßten die Monstranz, doch nicht den Hut.–

Leuthold: Höre, Gesell, es fängt mir an zu deuchten,

Wir stehen hier am Pranger vor dem Hut,

's ist doch ein Schimpf für einen Reitersmann,

Schildwach zu stehn vor einem leeren Hut –

1755 Und jeder rechte Kerl muss uns verachten.

– Die Reverenz zu machen einem Hut,

Es ist doch traun! ein närrischer Befehl!

Frießhardt: Warum nicht einem leeren, hohlen Hut?

Bückst du dich doch vor manchem hohlen Schädel.

(Hildegard, Mechthild und Elsbet treten auf mit Kindern und

stellen sich um die Stange.)

1760 **Leuthold:** Und du bist auch so ein dienstfert'ger Schurke

Und brächtest wackre Leute gern ins Unglück.

Mag, wer da will, am Hut vorübergehn,

Ich drück die Augen zu und seh nicht hin.

Mechthild:

Da hängt der Landvogt – Habt Respekt, ihr Buben.

1765 **Elsbet:** Wollt's Gott, er ging, und ließ uns seinen Hut,

Es sollte drum nicht schlechter stehn ums Land!

Frießhardt *(verscheucht sie)*:

Wollt ihr vom Platz? Verwünschtes Volk der Weiber!

Wer fragt nach euch? Schickt eure Männer her,

Wenn sie der Mut sticht, dem Befehl zu trotzen.

(Weiber gehen.)

(Tell mit der Armbrust tritt auf, den Knaben an der Hand füh-

rend. Sie gehen an dem Hut vorbei gegen die vordere Szene,

ohne darauf zu achten.)

Pfaff:
Pfarrer

Hochwürdigen:
gemeint ist hier
die Monstranz,
das Gefäß, in
dem das geweihte
Abendmahlbrot
(die Hostie) auf-
bewahrt wird

es fängt mir an zu
deuchten:
es kommt mir
so vor

traun:
wirklich

dienstfert'ger:
übereifriger

Walter *(zeigt nach dem Bannberg)*:
Vater, ist's wahr, dass auf dem Berge dort   1770
Die Bäume bluten, wenn man einen Streich
Drauf führte mit der Axt?

Tell: Wer sagt das, Knabe?

Walter: Der Meister Hirt erzählt's – Die Bäume seien
Gebannt, sagt er, und wer sie schädige,
Dem wachse seine Hand heraus zum Grabe.   1775

gebannt:
geschützt

Tell: Die Bäume sind gebannt, das ist die Wahrheit.
– Siehst du die Firnen dort, die weißen Hörner,
Die hoch bis in den Himmel sich verlieren?

Walter: Das sind die Gletscher, die des Nachts so donnern
Und uns die Schlaglawinen niedersenden.   1780

Tell: So ist's, und die Lawinen hätten längst
Den Flecken Altorf unter ihrer Last
Verschüttet, wenn der Wald dort oben nicht
Als eine Landwehr sich dagegenstellte.

Walter *(nach einigem Besinnen)*:
Gibt's Länder, Vater, wo *nicht* Berge sind?   1785

Tell: Wenn man hinuntersteigt von unsern Höhen
Und immer tiefer steigt, den Strömen nach,
Gelangt man in ein großes, ebnes Land,
Wo die Waldwasser nicht mehr brausend schäumen,
Die Flüsse ruhig und gemächlich ziehn,   1790
Da sieht man frei nach allen Himmelsräumen,

Aue:
am Wasser gele-
genes Wiesen-
gelände in Fluss-
landschaften

Das Korn wächst dort in langen, schönen Auen
Und wie ein Garten ist das Land zu schauen.

Walter: Ei, Vater, warum steigen wir denn nicht
Geschwind hinab in dieses schöne Land,   1795
Statt dass wir uns hier ängstigen und plagen?

Tell: Das Land ist schön und gütig wie der Himmel,
Doch die's bebauen, *sie* genießen nicht
Den Segen, den sie pflanzen.

Walter: Wohnen sie
Nicht frei wie du auf ihrem eignen Erbe?   1800

Tell: Das Feld gehört dem Bischof und dem König.

Walter: So dürfen sie doch frei in Wäldern jagen?

Tell: Dem Herrn gehört das Wild und das Gefieder.

Walter: Sie dürfen doch frei fischen in dem Strom?

1805 **Tell:** Der Strom, das Meer, das Salz gehört dem König.

Walter: Wer *ist* der König denn, den alle fürchten?

Tell: Es ist der *eine*, der sie schützt und nährt.

Walter: Sie können sich nicht mutig selbst beschützen?

Tell: Dort darf der Nachbar nicht dem Nachbar trauen.

1810 **Walter:** Vater, es wird mir eng im weiten Land,

Da wohn ich lieber unter den Lawinen.

Tell: Ja, wohl ist's besser, Kind, die Gletscherberge

Im Rücken haben als die bösen Menschen.

(Sie wollen vorübergehen.)

Walter: Ei, Vater, sieh den Hut dort auf der Stange.

1815 **Tell:** Was kümmert uns der Hut? Komm, lass uns gehen.

(Indem er abgehen will, tritt ihm Frießhardt mit vorgehaltner Pike entgegen.)

Pike: Stoßwaffe

Frießhardt: In des Kaisers Namen! Haltet an und steht!

Tell *(greift in die Pike)*:

Was wollt Ihr? Warum haltet Ihr mich auf?

Frießhardt:

Ihr habt's Mandat verletzt, Ihr müsst uns folgen.

das Mandat verletzen: einen Befehl nicht beachten

Leuthold: Ihr habt dem Hut nicht Reverenz bewiesen.

Tell: Freund, lass mich gehen.

1820 **Frießhardt:** Fort, fort ins Gefängnis!

Walter: Den Vater ins Gefängnis! Hülfe! Hülfe!

(In die Szene rufend)

Herbei, ihr Männer, gute Leute, helft,

Gewalt, Gewalt, sie führen ihn gefangen.

(Rösselmann, der Pfarrer und Petermann, der Sigrist, kommen herbei, mit drei andern Männern.)

Sigrist: Was gibt's?

Rösselmann: Was legst du Hand an diesen Mann?

1825 **Frießhardt:** Er ist ein Feind des Kaisers, ein Verräter!

Tell *(fasst ihn heftig)*:
Ein Verräter, ich!
Rösselmann: Du irrst dich, Freund, das ist
Der Tell, ein Ehrenmann und guter Bürger.
Walter *(erblickt Walter Fürsten und eilt ihm entgegen)*:
Großvater, hilf, Gewalt geschieht dem Vater.
Frießhardt:
Ins Gefängnis, fort!

Bürgschaft **Walter Fürst** *(herbeieilend)*: Ich leiste Bürgschaft, haltet!
leisten.
für jemanden – Um Gotteswillen, Tell, was ist geschehen?   1830
einstehen *(Melchthal und Stauffacher kommen.)*
Frießhardt: Des Landvogts oberherrliche Gewalt
Verachtet er und will sie nicht erkennen.
Stauffacher: Das hätt der Tell getan?
Melchthal: Das lügst du, Bube!
Leuthold: Er hat dem Hut nicht Reverenz bewiesen.
Walter Fürst: Und darum soll er ins Gefängnis? Freund,   1835
ledig: Nimm meine Bürgschaft an und lass ihn ledig.
hier frei
Frießhardt: Bürg du für dich und deinen eignen Leib!
Wir tun, was unsers Amtes – Fort mit ihm!
Melchthal *(zu den Landleuten)*:
Nein, das ist schreiende Gewalt! Ertragen wir's,
Dass man ihn fortführt, frech, vor unsern Augen?   1840
Sigrist: Wir sind die Stärkern. Freunde, duldets nicht,
Wir haben einen Rücken an den andern!
Frießhardt: Wer widersetzt sich dem Befehl des Vogts?
Noch drei Landleute *(herbeieilend)*:
Wir helfen euch. Was gibt's? Schlagt sie zu Boden.
(Hildegard, Mechthild und Elsbet kommen zurück.)
Tell: Ich helfe mir schon selbst. Geht, gute Leute,   1845
Meint ihr, wenn ich die Kraft gebrauchen wollte,
Ich würde mich vor ihren Spießen fürchten?
Melchthal *(zu Frießhardt)*:
Wag's, ihn aus unsrer Mitte wegzuführen!

Walter Fürst und Stauffacher:
Gelassen! Ruhig!
Frießhardt *(schreit)*: Aufruhr und Empörung!
(Man hört Jagdhörner.)
Weiber: Da kommt der Landvogt!
1850 **Frießhardt** *(erhebt die Stimme)*:   Meuterei! Empörung!
Stauffacher:
Schrei, bis du berstest, Schurke!
Rösselmann und Melchthal: Willst du schweigen?
Frießhardt *(ruft noch lauter)*:
Zu Hülf, zu Hülf den Dienern des Gesetzes.
Walter Fürst:
Da ist der Vogt! Weh uns, was wird das werden!
(Geßler zu Pferd, den Falken auf der Faust, Rudolf der Har-
ras, Berta und Rudenz, ein großes Gefolge von bewaffneten
Knechten, welche einen Kreis von Piken um die ganze Szene
schließen.)
Rudolf der Harras:
Platz, Platz dem Landvogt!
Geßler: Treibt sie auseinander!
1855 Was läuft das Volk zusammen? Wer ruft Hülfe?
(Allgemeine Stille)
Wer war's? Ich will es wissen. *(Zu Frießhardt) Du* tritt vor!
Wer bist du und was hältst du diesen Mann?
(Er gibt den Falken einem Diener.)
Frießhardt: Gestrenger Herr, ich bin dein Waffenknecht
Und wohlbestellter Wächter bei dem Hut.
1860 Diesen Mann ergriff ich über frischer Tat,
Wie er dem Hut den Ehrengruß versagte.
Verhaften wollt ich ihn, wie du befiehlst,
Und mit Gewalt will ihn das Volk entreißen.
Geßler *(nach einer Pause)*:
Verachtest du *so* deinen Kaiser, Tell,
1865 Und *mich*, der hier an seiner statt gebietet,
Dass du die Ehr versagst dem Hut, den ich

Zur Prüfung des Gehorsams aufgehangen?

dein böses Dein böses Trachten hast du mir verraten.
Trachten:
deine böse **Tell:** Verzeiht mir, lieber Herr! Aus Unbedacht,
Absicht Nicht aus Verachtung Eurer ist's geschehn,   1870
besonnen: Wär ich besonnen, hieß ich nicht der Tell,
vernünftig Ich bitt' um Gnad, es soll nicht mehr begegnen.
begegnen: **Geßler** *(nach einigem Stillschweigen)*:
hier geschehen
Du bist ein Meister auf der Armbrust, Tell,
Man sagt, du nähmst es auf mit jedem Schützen?
Walter Tell:
Und das muss wahr sein, Herr – 'nen Apfel schießt   1875
Der Vater dir vom Baum auf hundert Schritte.
Geßler: Ist das dein Knabe, Tell?
Tell: Ja, lieber Herr.
Geßler: Hast du der Kinder mehr?
Tell: Zwei Knaben, Herr.
Geßler: Und welcher ist's, den du am meisten liebst?
Tell: Herr, beide sind sie mir gleich liebe Kinder.   1880
Geßler: Nun, Tell! Weil du den Apfel triffst vom Baume
Auf hundert Schritte, so wirst du deine Kunst
Vor mir bewähren müssen – Nimm die Armbrust –
Du hast sie gleich zur Hand – und mach dich fertig,
Einen Apfel von des Knaben Kopf zu schießen –
Doch will ich raten, ziele gut, dass du   1885
Den Apfel treffest auf den ersten Schuss,
Denn fehlst du ihn, so ist dein Kopf verloren.
(Alle geben Zeichen des Schreckens.)
ansinnen: **Tell:** Herr – Welches Ungeheure sinnet Ihr
vorschlagen Mir an – Ich soll vom Haupte meines Kindes –   1890
– Nein, nein doch, lieber Herr, das kömmt Euch nicht
das kömmt euch Zu Sinn – Verhüt's der gnäd'ge Gott – das könnt Ihr
nicht zu Sinn: Im Ernst von einem Vater nicht begehren!
das kann/darf
euch nicht **Geßler:** Du wirst den Apfel schießen von dem Kopf
einfallen Des Knaben – Ich begehr's und will's.

1895 **Tell:** Ich soll
Mit meiner Armbrust auf das liebe Haupt
Des eignen Kindes zielen – Eher sterb ich!
Geßler: Du schießest oder stirbst *mit* deinem Knaben.
Tell: Ich soll der Mörder werden meines Kinds!
1900 Herr, Ihr habt keine Kinder – wisset nicht,
Was sich bewegt in eines Vaters Herzen.
Geßler: Ei, Tell, du bist ja plötzlich so besonnen!
Man sagte mir, dass du ein Träumer seist
Und dich entfernst von andrer Menschen Weise.
1905 Du liebst das Seltsame – drum hab ich jetzt
Ein eigen Wagstück für dich ausgesucht.
Ein andrer wohl bedächte sich – *Du* drückst
Die Augen zu und greifst es herzhaft an.
Berta: Scherzt nicht, o Herr! mit diesen armen Leuten!
1910 Ihr seht sie bleich und zitternd stehn – So wenig
Sind sie Kurzweils gewohnt aus Eurem Munde.
Geßler: Wer sagt Euch, dass ich scherze?
(Greift nach einem Baumzweige, der über ihn herhängt.)
Hier ist der Apfel.

Man mache Raum – Er nehme seine Weite,
Wie's Brauch ist – Achtzig Schritte geb ich ihm –
1915 Nicht weniger noch mehr – Er rühmte sich
Auf ihrer hundert seinen Mann zu treffen –
Jetzt, Schütze, triff, und fehle nicht das Ziel!
Rudolf der Harras:
Gott, das wird ernsthaft. – Falle nieder, Knabe,
Es gilt, und fleh den Landvogt um dein Leben.
Walter Fürst *(beiseite zu Melchthal, der kaum seine Unge-
duld bezwingt)*:
1920 Haltet an Euch, ich fleh Euch drum, bleibt ruhig.
Berta *(zum Landvogt)*:
Lasst es genug sein, Herr! Unmenschlich ist's,
Mit eines Vaters Angst also zu spielen.
Wenn dieser arme Mann auch Leib und Leben

> seine Weite
> nehmen:
> sich mit Abstand
> zum Ziel
> hinstellen

Verwirkt durch seine leichte Schuld, bei Gott!

Er hätte jetzt zehnfachen Tod empfunden. 1925

ungekränkt: Entlasst ihn ungekränkt in seine Hütte,
hier unversehrt Er hat Euch kennen lernen, dieser Stunde

Wird er und seine Kindeskinder denken.

Geßler: Öffnet die Gasse – Frisch! Was zauderst du?

Dein Leben ist verwirkt, ich kann dich töten, 1930

Und sieh, ich lege gnädig dein Geschick

In deine eigne kunstgeübte Hand.

Der kann nicht klagen über harten Spruch,

Den man zum Meister seines Schicksals macht.

Du rühmst dich deines sichern Blicks. Wohlan! 1935

Hier gilt es, *Schütze*, deine Kunst zu zeigen,

Das Ziel ist würdig und der Preis ist groß!

Das Schwarze treffen in der Scheibe, *das*

Kann auch ein andrer! *Der* ist mir der Meister,

Der seiner Kunst gewiss ist überall, 1940

Dem's Herz nicht in die Hand tritt noch ins Auge.

Walter Fürst *(wirft sich vor ihm nieder)*:

Herr Landvogt, wir erkennen Eure Hoheit,

Doch lasset Gnad vor Recht ergehen, nehmt

Die Hälfte meiner Habe, nehmt sie ganz,

Nur dieses Grässliche erlasset einem Vater! 1945

Walter Tell: Großvater, knie nicht vor dem falschen Mann!

Sagt, wo ich hinstehn soll, ich fürcht mich nicht,

Der Vater trifft den Vogel ja im Flug,

fehlen: Er wird nicht fehlen auf das Herz des Kindes.
verfehlen,
danebenschießen **Stauffacher:**

Herr Landvogt, rührt Euch nicht des Kindes Unschuld? 1950

Rösselmann: O denkt, dass ein Gott im Himmel ist,

Dem Ihr müsst Rede stehn für Eure Taten.

Geßler *(zeigt auf den Knaben)*:

Man bind ihn an die Linde dort!

Walter Tell: Mich binden!

Nein, ich will nicht gebunden sein. Ich will

1955 Stillhalten, wie ein Lamm, und auch nicht atmen.
Wenn ihr mich bindet, nein, so kann ich's nicht,
So werd ich toben gegen meine Bande.

Rudolf der Harras:

Die Augen nur lass dir verbinden, Knabe.

Walter Tell: Warum die Augen? Denket Ihr, ich fürchte
1960 Den Pfeil von Vaters Hand? Ich will ihn fest
Erwarten und nicht zucken mit den Wimpern.
– Frisch, Vater, zeig's, dass du ein Schütze bist,
Er glaubt dir's nicht, er denkt uns zu verderben –
Dem Wütrich zum Verdrusse, schieß und triff.

(Er geht an die Linde, man legt ihm den Apfel auf.)

Melchthal *(zu den Landleuten)*:

1965 Was? Soll der Frevel sich vor unsern Augen
Vollenden? Wozu haben wir geschworen?

Stauffacher: Es ist umsonst. Wir haben keine Waffen,
Ihr seht den Wald von Lanzen um uns her.

Melchthal: O hätten wir's mit frischer Tat vollendet,
1970 Verzeih's Gott denen, die zum Aufschub rieten!

Geßler *(zum Tell)*:

Ans Werk! Man führt die Waffen nicht vergebens.
Gefährlich ist's, ein Mordgewehr zu tragen,
Und auf den Schützen springt der Pfeil zurück.
Dies stolze Recht, das sich der Bauer nimmt,
1975 Beleidiget den höchsten Herrn des Landes.
Gewaffnet sei niemand, als wer gebietet.
Freut's euch, den Pfeil zu führen und den Bogen,
Wohl, so will *ich* das Ziel euch dazu geben.

Tell *(spannt die Armbrust und legt den Pfeil auf)*:

Öffnet die Gasse! Platz!

Stauffacher:

1980 Was, Tell? Ihr wolltet – Nimmermehr – Ihr zittert,
Die Hand erbebt Euch, Eure Knie wanken –

Tell *(lässt die Armbrust sinken)*:

Mir schwimmt es vor den Augen!

Weiber: Gott im Himmel!

Tell *(zum Landvogt)*:

Erlasset mir den Schuss. Hier ist mein Herz!

(Er reißt die Brust auf.)

Ruft Eure Reisigen und stoßt mich nieder.

Geßler: Ich will dein Leben nicht, ich will den Schuss. 1985

– Du kannst ja alles, Tell, an nichts verzagst du,

Das Steuerruder führst du wie den Bogen,

Dich schreckt kein Sturm, wenn es zu retten gilt,

Jetzt, Retter, hilf dir selbst – du rettest alle!

(Tell steht in fürchterlichem Kampf, mit den Händen zuckend

und die rollenden Augen bald auf den Landvogt, bald zum

Himmel gerichtet. – Plötzlich greift er in seinen Köcher, nimmt

Goller: *einen zweiten Pfeil heraus und steckt ihn in seinen Goller. Der*

Weste *Landvogt bemerkt alle diese Bewegungen.)*

Walter Tell *(unter der Linde)*:

Vater, schieß zu, ich fürcht mich nicht.

Tell: Es muss! 1990

(Er rafft sich zusammen und legt an.)

Rudenz *(der die ganze Zeit über in der heftigsten Spannung*

gestanden und mit Gewalt an sich gehalten, tritt hervor):

Herr Landvogt, weiter werdet Ihr's nicht treiben,

Ihr werdet *nicht* – Es war nur eine Prüfung –

Den Zweck habt Ihr erreicht – Zu weit getrieben

Verfehlt die Strenge ihres weisen Zwecks

Und allzu straff gespannt zerspringt der Bogen. 1995

Geßler: Ihr schweigt, bis man Euch aufruft.

Rudenz: Ich *will* reden,

Ich darf's, des Königs Ehre ist mir heilig,

Doch solches Regiment muss Hass erwerben.

Das ist des Königs Wille nicht – Ich darf's

Behaupten – Solche Grausamkeit verdient 2000

Mein Volk nicht, dazu habt Ihr keine Vollmacht.

sich erkühnen: **Geßler:** Ha, Ihr erkühnt Euch!

es wagen, sich

trauen

Rudenz: Ich hab still geschwiegen
Zu allen schweren Taten, die ich sah,
Mein sehend Auge hab ich zugeschlossen,
2005 Mein überschwellend und empörtes Herz
Hab ich hinabgedrückt in meinen Busen.
Doch länger schweigen wär Verrat zugleich
An meinem Vaterland und an dem Kaiser.
Berta *(wirft sich zwischen ihn und den Landvogt)*:
O Gott, Ihr reizt den Wütenden noch mehr.
2010 **Rudenz:** Mein Volk verließ ich, meinen Blutsverwandten
Entsagt' ich, alle Bande der Natur
Zerriss ich, um an Euch mich anzuschließen –
Das Beste aller glaubt' ich zu befördern,
Da ich des Kaisers Macht befestigte –
2015 Die Binde fällt von meinen Augen – Schaudernd
Seh ich an einen Abgrund mich geführt –
Mein freies Urteil habt Ihr irrgeleitet,
Mein redlich Herz verführt – Ich war daran,
Mein Volk in bester Meinung zu verderben.
2020 **Geßler:** Verwegner, diese Sprache deinem Herrn?
Rudenz: Der Kaiser ist mein Herr, nicht Ihr – Frei bin ich
Wie Ihr geboren und ich messe mich
Mit Euch in jeder ritterlichen Tugend,
Und stündet Ihr nicht hier in Kaisers Namen,
2025 Den ich verehre, selbst wo man ihn schändet,
Den Handschuh wärf ich vor Euch hin, Ihr solltet
Nach ritterlichem Brauch mir Antwort geben.
– Ja, winkt nur Euren Reisigen – Ich stehe
Nicht wehrlos da, wie *die – (auf das Volk zeigend)*
Ich hab ein Schwert,
Und wer mir naht –
2030 **Stauffacher** *(ruft)*: Der Apfel ist gefallen!
*(Indem sich alle nach dieser Seite gewendet und Berta zwi-
schen Rudenz und den Landvogt sich geworfen, hat Tell den
Pfeil abgedrückt.)*

den Handschuh
wärf ich vor Euch
hin:
Aufforderung zum
Zweikampf unter
Rittern

Rösselmann: Der Knabe lebt!

Viele Stimmen: Der Apfel ist getroffen!

(Walter Fürst schwankt und droht zu sinken, Berta hält ihn.)

Geßler *(erstaunt)***:** Er hat geschossen? Wie? der Rasende!

Berta: Der Knabe lebt! kommt zu Euch, guter Vater!

Walter Tell *(kommt mit dem Apfel gesprungen)***:**
Vater, hier ist der Apfel – Wusst ich's ja,
Du würdest deinen Knaben nicht verletzen.   2035

*(Tell stand mit vorgebognem Leib, als wollt er dem Pfeil folgen
– die Armbrust entsinkt seiner Hand – wie er den Knaben
kommen sieht, eilt er ihm mit ausgebreiteten Armen entgegen
und hebt ihn mit heftiger Inbrunst zu seinem Herzen hinauf,
in dieser Stellung sinkt er kraftlos zusammen. Alle stehen
gerührt.)*

Berta: O güt'ger Himmel!

Walter Fürst *(zu Vater und Sohn)***:** Kinder! meine Kinder!

Stauffacher: Gott sei gelobt!

Leuthold: Das war ein Schuss! Davon
Wird man noch reden in den spätsten Zeiten.

Rudolf der Harras:
Erzählen wird man von dem Schützen Tell,
Solang die Berge stehn auf ihrem Grunde.   2040

(Reicht dem Landvogt den Apfel)

Geßler: Bei Gott! der Apfel mitten durchgeschossen!
Es war ein Meisterschuss, ich muss ihn loben.

Rösselmann: Der Schuss war gut, doch wehe dem, der ihn
Dazu getrieben, dass er Gott versuchte.

Stauffacher:
Kommt zu Euch, Tell, steht auf, Ihr habt Euch männlich   2045
Gelöst und frei könnt Ihr nach Hause gehen.

Rösselmann:
Kommt, kommt und bringt der Mutter ihren Sohn.

(Sie wollen ihn wegführen.)

Geßler: Tell, höre!

Tell *(kommt zurück)***:** Was befehlt Ihr, Herr?

Geßler: Du stecktest
Noch einen zweiten Pfeil zu dir – Ja, ja,
2050 Ich sah es wohl – Was meintest du damit?
Tell *(verlegen)*:
Herr, das ist also bräuchlich bei den Schützen.

bräuchlich:
üblich

Geßler: Nein, Tell, die Antwort lass ich dir nicht gelten,
Es wird was anders wohl bedeutet haben.
Sag mir die Wahrheit frisch und fröhlich, Tell,
2055 Was es auch sei, dein Leben sichr' ich dir.
Wozu der zweite Pfeil?
Tell: Wohlan, o Herr,
Weil Ihr mich meines Lebens habt gesichert,
So will ich Euch die Wahrheit gründlich sagen.
*(Er zieht den Pfeil aus dem Goller und sieht den Landvogt mit
einem furchtbaren Blick an.)*
Mit diesem zweiten Pfeil durchschoss ich – Euch,
2060 Wenn ich mein liebes Kind getroffen hätte,
Und Eurer – wahrlich! hätt ich nicht gefehlt.
Geßler: Wohl, Tell! Des Lebens hab ich dich gesichert,
Ich gab mein Ritterwort, das will ich halten –
Doch weil ich deinen bösen Sinn erkannt,
2065 Will ich dich führen lassen und verwahren,
Wo weder Mond noch Sonne dich bescheint,
Damit ich sicher sei vor deinen Pfeilen.
Ergreift ihn, Knechte! Bindet ihn! *(Tell wird gebunden.)*
Stauffacher: Wie, Herr?
So könntet Ihr an einem Manne handeln,
2070 An dem sich Gottes Hand sichtbar verkündigt?
Geßler: Lass sehn, ob sie ihn zweimal retten wird.
– Man bring ihn auf mein Schiff, ich folge nach
Sogleich, ich selbst will ihn nach Küssnacht führen.
Rösselmann: Ihr wollt ihn außer Lands gefangen führen?
2075 **Landleute:** Das dürft Ihr nicht, das darf der Kaiser nicht,
Das widerstreitet unsern Freiheitsbriefen!

Geßler: Wo sind sie? Hat der Kaiser sie bestätigt?
Er hat sie nicht bestätigt – Diese Gunst
Muss erst erworben werden durch Gehorsam.
Rebellen seid ihr alle gegen Kaisers 2080
Gericht und nährt verwegene Empörung.
Ich kenn euch alle – ich durchschau euch ganz –
Den nehm ich jetzt heraus aus eurer Mitte,
Doch alle seid ihr teilhaft seiner Schuld.
Wer klug ist, lerne schweigen und gehorchen.
(Er entfernt sich, Berta, Rudenz, Harras und Knechte folgen, 2085
Frießhardt und Leuthold bleiben zurück.)
Walter Fürst *(in heftigem Schmerz)*:
Es ist vorbei, er hat's beschlossen, mich
Mit meinem ganzen Hause zu verderben!
Stauffacher *(zum Tell)*:
O warum musstet Ihr den Wütrich reizen!
Tell: Bezwinge sich, wer meinen Schmerz gefühlt!
Stauffacher: O nun ist alles, alles hin! Mit Euch 2090
Sind wir gefesselt und gebunden!
Landleute *(umringen den Tell)*:
Mit Euch geht unser letzter Trost dahin!
Leuthold *(nähert sich)*:
Tell, es erbarmt mich – doch ich muss gehorchen.
Tell: Lebt wohl!
Walter Tell *(sich mit heftigem Schmerz an ihn schmiegend)*:
O Vater! Vater! Lieber Vater!
Tell *(hebt die Arme zum Himmel)*:
Dort droben ist dein Vater! den ruf an! 2095
Stauffacher: Tell, sag ich Eurem Weibe nichts von Euch?
Tell *(hebt den Knaben mit Inbrunst an seine Brust)*:
Der Knab ist unverletzt, mir wird Gott helfen.
(Reißt sich schnell los und folgt den Waffenknechten)

Margin note: alle seid ihr teilhaft seiner Schuld: ihr seid alle mitschuldig

Vierter Aufzug

Erste Szene

Östliches Ufer des Vierwaldstättensees

*Die seltsam gestalteten schroffen Felsen im Westen schlie-
ßen den Prospekt. Der See ist bewegt, heftiges Rauschen und
Tosen, dazwischen Blitze und Donnerschläge.*

Kunz von Gersau. Fischer und Fischerknabe

Kunz: Ich sah's mit Augen an, Ihr könnt mir's glauben,
's ist alles so geschehn, wie ich Euch sagte.
2100 **Fischer:** Der Tell gefangen abgeführt nach Küssnacht,
Der beste Mann im Land, der bravste Arm,
Wenn's einmal gelten sollte für die Freiheit.
Kunz: Der Landvogt führt ihn selbst den See herauf,
Sie waren eben dran, sich einzuschiffen,
2105 Als ich von Flüelen abfuhr, doch der Sturm,
Der eben jetzt im Anzug ist und der
Auch mich gezwungen, eilends hier zu landen,
Mag ihre Abfahrt wohl verhindert haben.
Fischer: Der Tell in Fesseln, in des Vogts Gewalt!
2110 O glaubt, er wird ihn tief genug vergraben,
Dass er des Tages Licht nicht wiedersieht!
Denn fürchten muss er die gerechte Rache
Des freien Mannes, den er schwer gereizt!
Kunz: Der Altlandammann auch, der edle Herr
2115 Von Attinghausen, sagt man, lieg am Tode.

brav:
hier tüchtig

Fischer: So bricht der letzte Anker unsrer Hoffnung!
Der war es noch allein, der seine Stimme
Erheben durfte für des Volkes Rechte!
Kunz: Der Sturm nimmt überhand. Gehabt Euch wohl,
Ich nehme Herberg in dem Dorf, denn heut   2120
Ist doch an keine Abfahrt mehr zu denken. *(Geht ab)*
Fischer: Der Tell gefangen und der Freiherr tot!
Erheb die freche Stirne, Tyrannei,
Wirf alle Scham hinweg, der Mund der Wahrheit
Ist stumm, das sehnde Auge ist geblendet,   2125
Der Arm, der retten sollte, ist gefesselt!
Knabe: Es hagelt schwer, kommt in die Hütte, Vater,
Es ist nicht kommlich, hier im Freien hausen.
Fischer: Raset, ihr Winde, flammt herab, ihr Blitze,
Ihr Wolken berstet, gießt herunter, Ströme   2130
Des Himmels, und ersäuft das Land! Zerstört
Im Keim die ungeborenen Geschlechter!
Ihr wilden Elemente werdet Herr,
Ihr Bären kommt, ihr alten Wölfe wieder
Der großen Wüste, euch gehört das Land,   2135
Wer wird hier leben wollen ohne Freiheit!
Knabe: Hört, wie der Abgrund tost, der Wirbel brüllt,
So hat's noch nie gerast in diesem Schlunde!
Fischer: Zu zielen auf des eignen Kindes Haupt,
Solches ward keinem Vater noch geboten!   2140
Und die Natur soll nicht in wildem Grimm
Sich drob empören – O mich soll's nicht wundern,
Wenn sich die Felsen bücken in den See,
Wenn jene Zacken, jene Eisestürme,
Die nie auftauten seit dem Schöpfungstag,   2145
Von ihren hohen Kulmen niederschmelzen,
Wenn die Berge brechen, wenn die alten Klüfte
Einstürzen, eine zweite Sündflut alle
Wohnstätten der Lebendigen verschlingt!
(Man hört läuten.)

kommlich: angemessen, richtig

bersten: auseinanderbrechen

drob: deswegen

Kulm: abgerundete Bergkuppe

2150 **Knabe:** Hört Ihr, sie läuten droben auf dem Berg,
Gewiss hat man ein Schiff in Not gesehn
Und zieht die Glocke, dass gebetet werde.
(Steigt auf eine Anhöhe)
Fischer: Wehe dem Fahrzeug, das jetzt unterwegs,
In dieser furchtbarn Wiege wird gewiegt!
2155 Hier ist das Steuer unnütz und der Steurer,
Der Sturm ist Meister, Wind und Welle spielen
Ball mit dem Menschen – Da ist nah und fern
Kein Busen, der ihm freundlich Schutz gewährte!
Handlos und schroff ansteigend starren ihm
2160 Die Felsen, die unwirtlichen, entgegen
Und weisen ihm nur ihre steinern schroffe Brust.
Knabe *(deutet links)*:
Vater, ein Schiff, es kommt von Flüelen her.
Fischer: Gott helf den armen Leuten! Wenn der Sturm
In dieser Wasserkluft sich erst verfangen,
2165 Dann rast er um sich mit des Raubtiers Angst,
Das an des Gitters Eisenstäbe schlägt,
Die Pforte sucht er heulend sich vergebens,
Denn ringsum schränken ihn die Felsen ein,
Die himmelhoch den engen Pass vermauern.
(Er steigt auf die Anhöhe.)
2170 **Knabe:** Es ist das Herrenschiff von Uri, Vater,
Ich kenn's am roten Dach und an der Fahne.
Fischer: Gerichte Gottes! Ja, er ist es selbst,
Der Landvogt, der da fährt – Dort schifft er hin
Und führt im Schiffe sein Verbrechen mit!
2175 Schnell hat der Arm des Rächers ihn gefunden,
Jetzt kennt er über sich den stärkern Herrn,
Diese Wellen geben nicht auf seine Stimme,
Diese Felsen bücken ihre Häupter nicht
Vor seinem Hute – Knabe, bete nicht,
2180 Greif nicht dem Richter in den Arm!

Busen:
hier Bucht

geben nicht auf
seine Stimme:
hören nicht auf
ihn

Knabe: Ich bete für den Landvogt nicht – Ich bete
Für den Tell, der auf dem Schiff sich mit befindet.
Fischer: O Unvernunft des blinden Elements!
Musst du, um *einen* Schuldigen zu treffen,
Das Schiff mitsamt dem Steuermann verderben! 2185
Knabe: Sieh, sieh, sie waren glücklich schon vorbei
Am *Buggisgrat,* doch die Gewalt des Sturms,
Der von dem *Teufelsmünster* widerprallt,
Wirft sie zum großen *Axenberg* zurück.
– Ich seh sie nicht mehr.
Fischer: Dort ist das *Hakmesser,* 2190
Wo schon der Schiffe mehrere gebrochen.
Wenn sie nicht weislich dort vorüberlenken,
So wird das Schiff zerschmettert an der Fluh,
Die sich gähstotzig absenkt in die Tiefe.
– Sie haben einen guten Steuermann 2195
Am Bord, könnt *einer* retten, wär's der Tell,
Doch dem sind Arm und Hände ja gefesselt.
*(Wilhelm Tell mit der Armbrust. Er kommt mit raschen
Schritten, blickt erstaunt umher und zeigt die heftigste Bewe-
gung. Wenn er mitten auf der Szene ist, wirft er sich nieder, die
Hände zu der Erde und dann zum Himmel ausbreitend.)*
Knabe *(bemerkt ihn)*:
Sieh, Vater, wer der Mann ist, der dort kniet?
Fischer: Er fasst die Erde an mit seinen Händen
Und scheint wie außer sich zu sein. 2200
Knabe *(kommt vorwärts)*:
Was seh ich! Vater! Vater, kommt und seht!
Fischer *(nähert sich)*:
Wer ist es? – Gott im Himmel! Was! der Tell?
Wie kommt Ihr hieher? Redet!
Knabe: Wart Ihr nicht
Dort auf dem Schiff gefangen und gebunden?
Fischer: Ihr wurdet nicht nach Küssnacht abgeführt? 2205
Tell *(steht auf)*: Ich bin befreit.

Buggisgrat,
Teufelsmünster,
Axenberg,
Hakmesser:
Felsen am
Urner See

weislich:
vorsorglich

Fluh:
Felswand

gähstotzig:
steil

Fischer und Knabe: Befreit! O Wunder Gottes!

Knabe: Wo kommt Ihr her?

Tell: Dort aus dem Schiffe.

Fischer: Was?

Knabe (*zugleich*)**:**

Wo ist der Landvogt?

Tell: Auf den Wellen treibt er.

Fischer: Ist's möglich? Aber *Ihr?* Wie seid Ihr hier?

2210 Seid Euren Banden und dem Sturm entkommen?

Tell: Durch Gottes gnäd'ge Fürsehung – Hört an!

Fischer und Knabe: O redet, redet!

Tell: Was in Altorf sich

Begeben, wisst Ihr's?

Fischer: Alles weiß ich, redet!

Tell: Dass mich der Landvogt ließ fahen und binden,

2215 Nach seiner Burg zu Küssnacht wollte führen.

Fischer: Und sich mit Euch zu Flüelen eingeschifft!

Wir wissen alles, sprecht, wie Ihr entkommen?

Tell: Ich lag im Schiff, mit Stricken fest gebunden,

Wehrlos, ein aufgegebner Mann – nicht hofft' ich,

2220 Das frohe Licht der Sonne mehr zu sehn,

Der Gattin und der Kinder liebes Antlitz

Und trostlos blickt ich in die Wasserwüste –

Fischer: O armer Mann!

Tell: So fuhren wir dahin,

Der Vogt, Rudolf der Harras und die Knechte.

2225 Mein Köcher aber mit der Armbrust lag

Am hintern Gransen bei dem Steuerruder.

Und als wir an die Ecke jetzt gelangt

Beim kleinen Axen, da verhängt' es Gott,

Dass solch ein grausam mördrisch Ungewitter

2230 Gählings herfürbrach aus des Gotthards Schlünden,

Dass allen Ruderern das Herz entsank

Und meinten alle, elend zu ertrinken.

Da hört ich's, wie der Diener einer sich

Banden:
hier Fesseln

Fürsehung:
Vorsehung,
Schicksal

fahen:
fangen

Gransen:
spitz zulaufendes
Vorder- oder
Hinterteil eines
Schiffes

(es) verhängen:
hier (es) bestim-
men, entscheiden

gählings:
plötzlich

Zum Landvogt wendet' und die Worte sprach:
Ihr sehet Eure Not und unsre, Herr,   2235
Und dass wir all am Rand des Todes schweben –
Die Steuerleute aber wissen sich
Für großer Furcht nicht Rat und sind des Fahrens

sind nicht wohl
berichtet: Nicht wohl berichtet – Nun aber ist der Tell
kennen sich nicht Ein starker Mann und weiß ein Schiff zu steuern,   2240
gut aus Wie, wenn wir sein jetzt brauchten in der Not?

Da sprach der Vogt zu mir: Tell, wenn du dir's
Getrautest, uns zu helfen aus dem Sturm,

der Bande So möcht ich dich der Bande wohl entled'gen.
entled'gen: Ich aber sprach: Ja, Herr, mit Gottes Hülfe   2245
von den Fesseln
befreien Getrau ich mir's und helf uns wohl hiedannen.

hiedannen: So ward ich meiner Bande los und stand
von hier fort Am Steuerruder und fuhr redlich hin.

Doch schielt ich seitwärts, wo mein Schießzeug lag,
merkt ich scharf Und an dem Ufer merkt ich scharf umher,   2250
umher: Wo sich ein Vorteil auftät zum Entspringen.
passte ich
besonders auf Und wie ich eines Felsenriffs gewahre,

gewahren: Das abgeplattet vorsprang in den See –
bemerken,
erkennen **Fischer:** Ich kenn's, es ist am Fuß des großen Axen,
Doch nicht für möglich acht ich's – so gar steil   2255
abreichen: Geht's an – vom Schiff es springend abzureichen –
erreichen
handlich **Tell:** Schrie ich den Knechten, handlich zuzugehn,
zuzugehen: Bis dass wir vor die Felsenplatte kämen,
hier am Ruder Dort, rief ich, sei das Ärgste überstanden –
mithelfen Und als wir sie frisch rudernd bald erreicht,   2260
Fleh ich die Gnade Gottes an und drücke,
Mit allen Leibeskräften angestemmt,
Den hintern Gransen an die Felswand hin –
Jetzt schnell mein Schießzeug fassend, schwing ich selbst
Hochspringend auf die Platte mich hinauf   2265
Und mit gewalt'gem Fußstoß hinter mich
Schleudr' ich das Schifflein in den Schlund der Wasser –
Dort mag's, wie Gott will, auf den Wellen treiben!

So bin ich hier, gerettet aus des Sturms
2270 Gewalt und aus der schlimmeren der Menschen.
Fischer: Tell, Tell, ein sichtbar Wunder hat der Herr
An Euch getan, kaum glaub ich's meinen Sinnen –
Doch saget! Wo gedenket Ihr jetzt hin,
Denn Sicherheit ist nicht für Euch, wofern
2275 Der Landvogt lebend diesem Sturm entkommt.

wofern: falls

Tell: Ich hört ihn sagen, da ich noch im Schiff
Gebunden lag, er woll bei Brunnen landen
Und über Schwyz nach seiner Burg mich führen.
Fischer: Will er den Weg dahin zu Lande nehmen?
Tell: Er denkts.
2280 **Fischer:**   O, so verbergt Euch ohne Säumen,
Nicht zweimal hilft Euch Gott aus seiner Hand.

säumen: warten

Tell:
Nennt mir den nächsten Weg nach Arth und Küssnacht.
Fischer: Die offne Straße zieht sich über Steinen,
Doch einen kürzern Weg und heimlichern
2285 Kann Euch mein Knabe über Lowerz führen.
Tell *(gibt ihm die Hand)*:
Gott lohn Euch Eure Guttat. Lebet wohl.
(Geht und kehrt wieder um)
– Habt Ihr nicht auch im Rütli mitgeschworen?
Mir deucht, man nannt Euch mir –
Fischer: Ich war dabei
Und hab den Eid des Bundes mit beschworen.
2290 **Tell:** So eilt nach Bürglen, tut die Lieb mir an,
Mein Weib verzagt um mich, verkündet ihr,
Dass ich gerettet sei und wohl geborgen.
Fischer: Doch wohin sag ich ihr, dass Ihr geflohn?
Tell: Ihr werdet meinen Schwäher bei ihr finden
2295 Und andre, die im Rütli mitgeschworen –
Sie sollen wacker sein und gutes Muts,
Der Tell sei *frei* und seines Armes mächtig,
Bald werden sie ein Weitres von mir hören.

Schwäher: *hier* Schwiegervater

entdecken:
hier verraten

Fischer: Was habt Ihr im Gemüt? Entdeckt mir's frei.
Tell: Ist es *getan*, wird's auch zur Rede kommen.   2300
(Geht ab)
Fischer: Zeig ihm den Weg, Jenni – Gott steh ihm bei!
Er führt's zum Ziel, was er auch unternommen.
(Geht ab)

Zweite Szene

Edelhof zu Attinghausen

*Der Freiherr, in einem Armsessel, sterbend. Walter Fürst,
Stauffacher, Melchthal und Baumgarten um ihn beschäftigt.
Walter Tell knieend vor dem Sterbenden.*

Walter Fürst: Es ist vorbei mit ihm, er ist hinüber.
Stauffacher: Er liegt nicht wie ein Toter – Seht, die Feder
Auf seinen Lippen regt sich! Ruhig ist   2305
Sein Schlaf und friedlich lächeln seine Züge.
(Baumgarten geht an die Türe und spricht mit jemand.)
Walter Fürst *(zu Baumgarten)***:**
Wer ist's?
Baumgarten *(kommt zurück)***:**
              Es ist Frau Hedwig, Eure Tochter,
Sie will Euch sprechen, will den Knaben sehn.
(Walter Tell richtet sich auf.)
Walter Fürst: Kann ich sie trösten? Hab ich selber Trost?
Häuft alles Leiden sich auf meinem Haupt?   2310
Hedwig *(hereindringend)***:**
Wo ist mein Kind? Lasst mich, ich muss es sehn –
Stauffacher:
Fasst Euch, bedenkt, dass Ihr im Haus des Todes –
Hedwig *(stürzt auf den Knaben)***:**
Mein Wälty! O, er lebt mir.
Walter Tell *(hängt an ihr)***:** Arme Mutter!

Hedwig: Ist's auch gewiss? Bist du mir unverletzt?
(Betrachtet ihn mit ängstlicher Sorgfalt)
2315 Und ist es möglich? Konnt er auf dich zielen?
Wie konnt er's? O, er hat kein Herz – Er konnte
Den Pfeil abdrücken auf sein eignes Kind!

Walter Fürst:
Er tat's mit Angst, mit schmerzzerrissner Seele,
Gezwungen tat er's, denn es galt das Leben.

2320 **Hedwig:** O, hätt er eines Vaters Herz, eh er's
Getan, er wäre tausendmal gestorben!

Stauffacher: Ihr solltet Gottes gnäd'ge Schickung preisen,
Die es so gut gelenkt –

Schickung: Schicksal, Fügung

Hedwig: Kann ich vergessen,
Wie's hätte kommen *können* – Gott des Himmels!
2325 Und lebt' ich achtzig Jahr – Ich seh den Knaben ewig
Gebunden stehn, den Vater auf ihn zielen
Und ewig fliegt der Pfeil mir in das Herz.

Melchthal: Frau, wüsstet Ihr, wie ihn der Vogt gereizt!

Hedwig: O rohes Herz der Männer! Wenn ihr Stolz
2330 Beleidigt wird, dann achten sie nichts mehr,
Sie setzen in der blinden Wut des Spiels
Das Haupt des Kindes und das Herz der Mutter!

Baumgarten: Ist Eures Mannes Los nicht hart genug,
Dass Ihr mit schwerem Tadel ihn noch kränkt?
2335 Für *seine* Leiden habt Ihr kein Gefühl?

Hedwig *(kehrt sich nach ihm um und sieht ihn mit einem
großen Blick an)***:**
Hast *du* nur Tränen für des Freundes Unglück?
– Wo waret ihr, da man den Trefflichen
In Bande schlug? Wo war *da* eure Hülfe?
Ihr sahet zu, ihr ließt das Grässliche geschehn,
2340 Geduldig littet ihr's, dass man den Freund
Aus eurer Mitte führte – Hat der Tell
Auch so an euch gehandelt? Stand er auch
Bedaurend da, als hinter dir die Reiter

Des Landvogts drangen, als der wüt'ge See
Vor dir erbrauste? Nicht mit müß'gen Tränen   2345
Beklagt' er dich, in den Nachen sprang er, Weib
Und Kind vergaß er und befreite dich –
Walter Fürst: Was konnten wir zu seiner Rettung wagen,
Die kleine Zahl, die unbewaffnet war!
Hedwig *(wirft sich an seine Brust)*:
O Vater! Und auch du hast ihn verloren!   2350
Das Land, wir alle haben ihn verloren!
Uns allen fehlt er, ach! Wir fehlen ihm!
Gott rette seine Seele vor Verzweiflung.
Zu ihm hinab ins öde Burgverlies
Dringt keines Freundes Trost – Wenn er erkrankte!   2355
Ach, in des Kerkers feuchter Finsternis
Muss er erkranken – Wie die Alpenrose
Bleicht und verkümmert in der Sumpfesluft,
So ist für *ihn* kein Leben als im Licht
Der Sonne, in dem Balsamstrom der Lüfte.   2360
Gefangen! Er! Sein Atem ist die Freiheit,
Er kann nicht leben in dem Hauch der Grüfte.
Stauffacher: Beruhigt Euch. Wir alle wollen handeln,
Um seinen Kerker aufzutun.
Hedwig: Was könnt *ihr* schaffen ohne ihn? – Solang   2365
Der Tell noch frei war, ja, *da* war noch Hoffnung,
Da hatte noch die Unschuld einen Freund,
Da hatte einen Helfer der Verfolgte,
Euch alle rettete der Tell – Ihr alle
Zusammen könnt nicht *seine* Fesseln lösen!   2370
(Der Freiherr erwacht.)
Baumgarten: Er regt sich, still!
Attinghausen *(sich aufrichtend)*: Wo ist er?
Stauffacher: Wer?
Attinghausen: Er fehlt mir,
Verlässt mich in dem letzten Augenblick!

Stauffacher:

Er meint den Junker – Schickte man nach ihm?

Walter Fürst: Es ist nach ihm gesendet – Tröstet Euch!

2375 Er hat sein Herz gefunden, er ist unser.

Attinghausen: Hat er gesprochen für sein Vaterland?

Stauffacher: Mit Heldenkühnheit.

Attinghausen: Warum kommt er nicht,

Um meinen letzten Segen zu empfangen?

Ich fühle, dass es schleunig mit mir endet.

2380 **Stauffacher:** Nicht also, edler Herr! Der kurze Schlaf

Hat Euch erquickt und hell ist Euer Blick.

Attinghausen:

Der Schmerz ist Leben, er verließ mich auch,

Das Leiden ist, so wie die Hoffnung, aus.

(Er bemerkt den Knaben.)

Wer ist der Knabe?

Walter Fürst: Segnet ihn, o Herr!

2385 Er ist mein Enkel und ist vaterlos.

(Hedwig sinkt mit dem Knaben vor dem Sterbenden nieder.)

Attinghausen: Und vaterlos lass ich euch alle, alle

Zurück – Weh mir, dass meine letzten Blicke

Den Untergang des Vaterlands gesehn!

Musst' ich des Lebens höchstes Maß erreichen,

2390 Um ganz mit allen Hoffnungen zu sterben!

Stauffacher *(zu Walter Fürst)*:

Soll er in diesem finstern Kummer scheiden?

Erhellen wir ihm nicht die letzte Stunde

Mit schönem Strahl der Hoffnung? – Edler Freiherr!

Erhebet Euren Geist! Wir sind nicht ganz

2395 Verlassen, sind nicht rettungslos verloren.

Attinghausen:

Wer soll euch retten?

Walter Fürst: Wir uns selbst. Vernehmt!

Es haben die drei Lande sich das Wort

Gegeben, die Tyrannen zu verjagen.

Geschlossen ist der Bund, ein heil'ger Schwur
Verbindet uns. Es wird gehandelt werden, 2400
Eh noch das Jahr den neuen Kreis beginnt,
Euer Staub wird ruhn in einem freien Lande.
Attinghausen: O saget mir! Geschlossen ist der Bund?
Melchthal: Am gleichen Tage werden alle drei
Waldstätte sich erheben. Alles ist 2405
Bereit und das Geheimnis wohl bewahrt
Bis jetzt, obgleich viel Hunderte es teilen.
Hohl ist der Boden unter den Tyrannen,
Die Tage ihrer Herrschaft sind gezählt
Und bald ist ihre Spur nicht mehr zu finden. 2410
Attinghausen: Die festen Burgen aber in den Landen?
Melchthal: Sie fallen alle an dem gleichen Tag.
Attinghausen: Und sind die Edeln dieses Bunds teilhaftig?
Stauffacher: Wir harren ihres Beistands, wenn es gilt,
Jetzt aber hat der Landmann nur geschworen. 2415
Attinghausen (richtet sich langsam in die Höhe, mit großem
Erstaunen):
Hat sich der Landmann solcher Tat verwogen,
Aus eignem Mittel, ohne Hülf der Edeln,
Hat er der eignen Kraft so viel vertraut –
Ja, dann bedarf es unserer nicht mehr,
Getröstet können wir zu Grabe steigen, 2420
Es lebt *nach* uns – durch andre Kräfte will
Das Herrliche der Menschheit sich erhalten.
(Er legt seine Hand auf das Haupt des Kindes, das vor ihm
auf den Knien liegt.)
Aus diesem Haupte, wo der Apfel lag,
Wird euch die neue bessre Freiheit grünen,
Das Alte stürzt, es ändert sich die Zeit 2425
Und neues Leben blüht aus den Ruinen.
Stauffacher (zu Walter Fürst):
Seht, welcher Glanz sich um sein Aug ergießt!

sich verwegen:
sich zu etwas
entschließen

Das ist nicht das Erlöschen der Natur,
Das ist der Strahl schon eines neuen Lebens.

2430 **Attinghausen:** Der Adel steigt von seinen alten Burgen
Und schwört den Städten seinen Bürgereid,
Im *Üchtland* schon, im *Thurgau* hat's begonnen,
Die edle Bern erhebt ihr herrschend Haupt,
Freiburg ist eine sichre Burg der Freien,
2435 Die rege *Zürich* waffnet ihre Zünfte
Zum kriegerischen Heer – Es bricht die Macht
Der Könige sich an ihren ew'gen Wällen –
*(Er spricht das Folgende mit dem Ton eines Sehers – seine
Rede steigt bis zur Begeisterung.)*
Die Fürsten seh ich und die edeln Herrn
In Harnischen herangezogen kommen,
2440 Ein harmlos Volk von Hirten zu bekriegen.
Auf Tod und Leben wird gekämpft und herrlich
Wird mancher Pass durch blutige Entscheidung.
Der Landmann stürzt sich mit der nackten Brust,
Ein freies Opfer, in die Schar der Lanzen,
2445 Er bricht sie und des Adels Blüte fällt,
Es hebt die Freiheit siegend ihre Fahne.
(Walter Fürsts und Stauffachers Hände fassend)
Drum haltet fest zusammen – fest und ewig –
Kein Ort der Freiheit sei dem andern fremd –
Hochwachten stellet aus auf euren Bergen,
2450 Dass sich der Bund zum Bunde rasch versammle –
Seid einig – einig – einig –
*(Er fällt in das Kissen zurück – seine Hände halten entseelt
noch die andern gefasst. Fürst und Stauffacher betrachten ihn
noch eine Zeit lang schweigend, dann treten sie hinweg, jeder
seinem Schmerz überlassen. Unterdessen sind die Knechte
still hereingedrungen, sie nähern sich mit Zeichen eines stil-
lern oder heftigern Schmerzens, einige knien bei ihm nieder
und weinen auf seine Hand, während dieser stummen Szene
wird die Burgglocke geläutet.)*

Üchtland:
Gebiet nahe Frei-
burg (Schweiz)

Thurgau:
Gegend im
Norden der
Schweiz

waffnet ihre
Zünfte:
mobilisiert die
Verteidigung der
Stadt

Harnisch:
Brustpanzer

(Rudenz zu den Vorigen)
Rudenz *(rasch eintretend)*:
Lebt er? O saget, kann er mich noch hören?
Walter Fürst *(deutet hin mit weggewandtem Gesicht)*:
Ihr seid jetzt unser Lehensherr und Schirmer
Und dieses Schloss hat einen andern Namen.
Rudenz *(erblickt den Leichnam und steht von heftigem*
Schmerz ergriffen):
O, güt'ger Gott! – Kommt meine Reu zu spät?   2455
Konnt er nicht wen'ge Pulse länger leben,
Um mein geändert Herz zu sehn?
Verachtet hab ich seine treue Stimme,
Da er noch wandelte im Licht – Er ist
Dahin, ist fort auf immerdar und lässt mir   2460
Die schwere unbezahlte Schuld! – O saget!
Schied er dahin im Unmut gegen mich?
Stauffacher: Er hörte sterbend noch, was Ihr getan,
Und segnete den Mut, mit dem Ihr spracht!
Rudenz *(kniet an dem Toten nieder)*:
Ja, heil'ge Reste eines teuren Mannes!   2465
Entseelter Leichnam! Hier gelob ich dir's
In deine kalte Totenhand – Zerrissen
Hab ich auf ewig alle fremden Bande,
Zurückgegeben bin ich meinem Volk,
Ein Schweizer bin ich und ich will es sein –   2470
Von ganzer Seele – – *(Aufstehend)*
                    Trauert um den Freund,
Den Vater aller, doch verzagt nicht!
Nicht bloß sein Erbe ist mir zugefallen,
Es steigt sein Herz, sein Geist auf mich herab
Und leisten soll euch meine frische Jugend,   2475
Was euch sein greises Alter schuldig blieb.
– Ehrwürd'ger Vater, gebt mir Eure Hand!
Gebt mir die Eurige! Melchthal, auch Ihr!

Bedenkt Euch nicht! O wendet Euch nicht weg!

2480 Empfanget meinen Schwur und mein Gelübde.

Walter Fürst:

Gebt ihm die Hand. Sein wiederkehrend Herz

Verdient Vertraun.

Melchthal:　　　Ihr habt den Landmann nichts geachtet.

Sprecht, wessen soll man sich zu Euch versehn?

Rudenz: O denkt nicht des Irrtums meiner Jugend!

Stauffacher *(zu Melchthal)*:

2485 Seid einig! war das letzte Wort des Vaters,

Gedenket dessen!

Melchthal:　　　Hier ist meine Hand!

Des Bauern Handschlag, edler Herr, ist auch

Ein Manneswort! Was ist der Ritter ohne uns?

Und unser Stand ist älter als der Eure.

Rudenz:

2490 Ich ehr ihn und mein Schwert soll ihn beschützen.

Melchthal: *Der* Arm, Herr Freiherr, der die harte Erde

Sich unterwirft und ihren Schoß befruchtet,

Kann auch des Mannes Brust beschützen.

Rudenz:　　　　　　　　Ihr

Sollt *meine* Brust, ich will die *eure* schützen,

2495 So sind wir einer durch den andern stark.

– Doch wozu reden, da das Vaterland

Ein Raub noch ist der fremden Tyrannei?

Wenn erst der Boden rein ist von dem Feind,

Dann wollen wir's in Frieden schon vergleichen.

(Nachdem er einen Augenblick innegehalten)

2500 Ihr schweigt? Ihr habt mir nichts zu sagen? Wie?

Verdien ich's noch nicht, dass ihr mir vertraut?

So muss ich wider euren Willen mich

In das Geheimnis eures Bundes drängen.

– Ihr habt getagt – geschworen auf dem Rütli –

2505 Ich weiß – weiß alles, was ihr dort verhandelt

Und was mir nicht von euch vertrauet ward,

---

wessen soll man sich zu Euch versehn: was kann man von euch erwarten

vergleichen: *hier* zu einer rechtlichen Einigung kommen

Ich hab's bewahrt gleich wie ein heilig Pfand.
Nie war ich meines Landes Feind, glaubt mir,
Und niemals hätt ich gegen euch gehandelt.
– Doch übel tatet ihr es zu verschieben,   2510
Die Stunde dringt und rascher Tat bedarf's –
Der Tell ward schon das Opfer eures Säumens –
Stauffacher: Das Christfest abzuwarten schwuren wir.
Rudenz: *Ich* war nicht dort, ich hab nicht mitgeschworen.
Wartet ihr ab, ich handle.
Melchthal: Was? Ihr wolltet –   2515
Rudenz: Des Landes Vätern zähl ich mich jetzt bei
Und meine erste Pflicht ist, euch zu schützen.
Walter Fürst: Der Erde diesen teuren Staub zu geben,
Ist Eure nächste Pflicht und heiligste.
Rudenz: Wenn wir das Land befreit, dann legen wir   2520
Den frischen Kranz des Siegs ihm auf die Bahre.
– O Freunde! Eure Sache nicht allein,
Ich habe meine eigne auszufechten
Mit dem Tyrannen – Hört und wisst! Verschwunden
Ist meine Berta, heimlich weggeraubt,   2525
Mit kecker Freveltat aus unsrer Mitte!
Stauffacher: Solcher Gewalttat hätte der Tyrann
Wider die freie Edle sich verwogen?
Rudenz: O meine Freunde! Euch versprach ich Hülfe
Und ich zuerst muss sie von euch erflehn.   2530
Geraubt, entrissen ist mir die Geliebte,
Wer weiß, wo sie der Wütende verbirgt,
Welcher Gewalt sie frevelnd sich erkühnen,
Ihr Herz zu zwingen zum verhassten Band!
Verlasst mich nicht, o helft mir sie erretten –   2535
Sie liebt euch, o sie hat's verdient ums Land,
Dass alle Arme sich für sie bewaffnen –
Walter Fürst: Was wollt Ihr unternehmen?
Rudenz: Weiß ich's? Ach!
In dieser Nacht, die ihr Geschick umhüllt,

2540 In dieses Zweifels ungeheurer Angst,
Wo ich nichts Festes zu erfassen weiß,
Ist mir nur dieses in der Seele klar:
Unter den Trümmern der Tyrannenmacht
Allein kann sie hervorgegraben werden,
2545 Die Festen alle müssen wir bezwingen,
Ob wir vielleicht in ihren Kerker dringen.
Melchthal: Kommt, führt uns an. Wir folgen Euch. Warum
Bis morgen sparen, was wir heut vermögen?

sparen:
hier (etwas)
aufschieben

Frei war der Tell, als wir im Rütli schwuren,
2550 Das Ungeheure war noch nicht geschehen.
Es bringt die Zeit ein anderes Gesetz,
Wer ist so feig, der jetzt noch könnte zagen!

zagen:
zögern

Rudenz *(zu Stauffacher und Walter Fürst)*:
Indes bewaffnet und zum Werk bereit
Erwartet ihr der Berge Feuerzeichen,
2555 Denn schneller, als ein Botensegel fliegt,
Soll euch die Botschaft unsers Siegs erreichen,
Und seht ihr leuchten die willkommnen Flammen,
Dann auf die Feinde stürzt, wie Wetters Strahl,

Wetters Strahl:
hier Blitz

Und brecht den Bau der Tyrannei zusammen.
(Gehen ab)

Dritte Szene

Die hohle Gasse bei Küssnacht

Man steigt von hinten zwischen Felsen herunter und die Wanderer werden, ehe sie auf der Szene erscheinen, schon von der Höhe gesehen. Felsen umschließen die ganze Szene, auf einem der vordersten ist ein Vorsprung mit Gesträuch bewachsen.

Tell *(tritt auf mit der Armbrust)*:
2560 Durch diese hohle Gasse muss er kommen,
Es führt kein andrer Weg nach Küssnacht – Hier

Vollend ich's – Die Gelegenheit ist günstig.
Dort der Holunderstrauch verbirgt mich ihm,
Von dort herab kann ihn mein Pfeil erlangen,
Des Weges Enge wehret den Verfolgern.   2565
Mach deine Rechnung mit dem Himmel, Vogt,
Fort musst du, deine Uhr ist abgelaufen.

Ich lebte still und harmlos – Das Geschoss
War auf des Waldes Tiere nur gerichtet,
Meine Gedanken waren rein von Mord –   2570
Du hast aus meinem Frieden mich heraus
Geschreckt, in gärend Drachengift hast du
Die Milch der frommen Denkart mir verwandelt,
Zum Ungeheuren hast du mich gewöhnt –
Wer sich des Kindes Haupt zum Ziele setzte,   2575
Der kann auch treffen in das Herz des Feinds.

Die armen Kindlein, die unschuldigen,
Das treue Weib muss ich vor deiner Wut
Beschützen, Landvogt – Da, als ich den Bogenstrang
Anzog – als mir die Hand erzitterte –   2580
Als du mit grausam teufelischer Lust
Mich zwangst, aufs Haupt des Kindes anzulegen –
Als ich ohnmächtig flehend rang vor dir,
Damals gelobt ich mir in meinem Innern
Mit furchtbarm Eidschwur, den nur Gott gehört,   2585
Dass meines *nächsten* Schusses *erstes* Ziel
Dein Herz sein sollte – Was ich mir gelobt
In jenes Augenblickes Höllenqualen,
Ist eine heil'ge Schuld, ich will sie zahlen.

zürnen:
wütend , zornig
sein

Du bist mein Herr und meines Kaisers Vogt,   2590
Doch nicht der Kaiser hätte sich erlaubt,
Was *du* – Er sandte dich in diese Lande
Um Recht zu sprechen – strenges, denn er zürnet –

dich jedes Gräuels
straflos zu
erfrechen:
jede Gräueltat
straflos zu
begehen

Doch nicht um mit der mörderischen Lust
2595 Dich jedes Gräuels straflos zu erfrechen,
Es lebt ein Gott zu strafen und zu rächen.

Komm du hervor, du Bringer bittrer Schmerzen,
Mein teures Kleinod jetzt, mein höchster Schatz –
Ein Ziel will ich dir geben, das bis jetzt
2600 Der frommen Bitte undurchdringlich war –
Doch *dir* soll es nicht widerstehn – Und du,
Vertraute Bogensehne, die so oft
Mir treu gedient hat in der Freude Spielen,
Verlass mich nicht im fürchterlichen Ernst.
2605 Nur jetzt noch halte fest, du treuer Strang,
Der mir so oft den herben Pfeil beflügelt –
Entränn er jetzo kraftlos meinen Händen,
Ich habe keinen zweiten zu versenden.
(Wanderer gehen über die Szene.)

Auf dieser Bank von Stein will ich mich setzen,
2610 Dem Wanderer zur kurzen Ruh bereitet –
Denn hier ist keine Heimat – Jeder treibt
Sich an dem andern rasch und fremd vorüber
Und fraget nicht nach seinem Schmerz – Hier geht
Der sorgenvolle Kaufmann und der leicht
2615 Geschürzte Pilger – der andächt'ge Mönch,
Der düstre Räuber und der heitre Spielmann,
Der Säumer mit dem schwer beladnen Ross, Säumer:
Antreiber eines
Pferdes
Der ferne herkommt von der Menschen Ländern,
Denn jede Straße führt ans End der Welt.
2620 Sie alle ziehen ihres Weges fort
An ihr Geschäft – und meines ist der Mord!
(Setzt sich)

Sonst wenn der Vater auszog, liebe Kinder,
Da war ein Freuen, wenn er wiederkam,
Denn niemals kehrt' er heim, er bracht euch etwas,
War's eine schöne Alpenblume, war's   2625

Ammonshorn:
Versteinerung

Ein seltner Vogel oder Ammonshorn,
Wie es der Wandrer findet auf den Bergen –

Weidwerk:
Jägerhandwerk

Jetzt geht er einem andern Weidwerk nach,
Am wilden Weg sitzt er mit Mordgedanken,
Des Feindes Leben ist's, worauf er lauert.   2630
– Und doch an *euch* nur denkt er, lieben Kinder,
Auch jetzt – euch zu verteid'gen, eure holde Unschuld
Zu schützen vor der Rache des Tyrannen,
Will er zum Morde jetzt den Bogen spannen! *(Steht auf)*

Ich laure auf ein edles Wild – Lässt sich's   2635
Der Jäger nicht verdrießen, tagelang
Umherzustreifen in des Winters Strenge,
Von Fels zu Fels den Wagesprung zu tun,
Hinanzuklimmen an den glatten Wänden,
Wo er sich anleimt mit dem eignen Blut   2640

Grattier:
Gämse
(Bergziege)

– Um ein armselig Grattier zu erjagen.
Hier gilt es einen köstlicheren Preis,
Das Herz des Todfeinds, der mich will verderben.
(Man hört von Ferne eine heitre Musik, welche sich nähert.)

Mein ganzes Leben lang hab ich den Bogen
Gehandhabt, mich geübt nach Schützenregel,   2645
Ich habe oft geschossen in das Schwarze
Und manchen schönen Preis mir heimgebracht
Vom Freudenschießen – Aber heute will ich
Den *Meisterschuss* tun und das Beste mir
Im ganzen Umkreis des Gebirgs gewinnen.   2650
(Eine Hochzeit zieht über die Szene und durch den Hohlweg
hinauf. Tell betrachtet sie, auf seinen Bogen gelehnt, Stüssi,

Flurschütz:
Feldhüter

der Flurschütz, gesellt sich zu ihm.)

Stüssi: Das ist der Klostermeir von Mörlischachen,
Der hier den Brautlauf hält – Ein reicher Mann,
Er hat wohl zehen Senten auf den Alpen.
Die Braut holt er jetzt ab zu Imisee
2655 Und diese Nacht wird hoch geschwelgt zu Küssnacht.
Kommt mit! 's ist jeder Biedermann geladen.
Tell: Ein ernster Gast stimmt nicht zum Hochzeithaus.
Stüssi:
Drückt Euch ein Kummer, werft ihn frisch vom Herzen,
Nehmt mit, was kommt, die Zeiten sind jetzt schwer.
2660 Drum muss der Mensch die Freude leicht ergreifen.
Hier wird gefreit und anderswo begraben.
Tell: Und oft kommt gar das eine zu dem andern.
Stüssi: So geht die Welt nun. Es gibt allerwegen
Unglücks genug – Ein Ruffi ist gegangen
2665 Im Glarner Land und eine ganze Seite
Vom Glärnisch eingesunken.
Tell: Wanken auch
Die Berge selbst? Es steht nichts fest auf Erden.
Stüssi: Auch anderswo vernimmt man Wunderdinge.
Da sprach ich einen, der von Baden kam.
2670 Ein Ritter wollte zu dem König reiten
Und unterwegs begegnet ihm ein Schwarm
Von Hornissen, die fallen auf sein Ross,
Dass es für Marter tot zu Boden sinkt
Und er zu Fuße ankommt bei dem König.
2675 **Tell:** Dem Schwachen ist sein Stachel auch gegeben.
*(Armgard kommt mit mehreren Kindern und stellt sich an
den Eingang des Hohlwegs.)*
Stüssi: Man deutet's auf ein großes Landesunglück,
Auf schwere Taten wider die Natur.
Tell: Dergleichen Taten bringet jeder Tag,
Kein Wunderzeichen braucht sie zu verkünden.
2680 **Stüssi:** Ja, wohl dem, der sein Feld bestellt in Ruh
Und ungekränkt daheim sitzt bei den Seinen.

Klostermeir:
Verwalter eines
Klosterguts

Brautlauf:
Hochzeitszug
zur oder aus der
Kirche

zehen Senten:
zehn Kuhherden

Imisee:
Immensee, Ort
am Zuger See

allerwegen:
überall und immer

ein Ruffi ist
gegangen:
eine Gesteins-
lawine hat sich
gelöst

Glärnisch:
Schweizer Berg

für Marter:
vor Schmerzen

Tell: Es kann der Frömmste nicht in Frieden bleiben,
Wenn es dem bösen Nachbar nicht gefällt.
(Tell sieht oft mit unruhiger Erwartung nach der Höhe des Weges.)
Stüssi: Gehabt Euch wohl – Ihr wartet hier auf jemand?
Tell: Das tu ich.
Stüssi: Frohe Heimkehr zu den Euren! 2685
– Ihr seid aus Uri? Unser gnäd'ger Herr,
Der Landvogt wird noch heut von dort erwartet.
Wanderer *(kommt)*:
Den Vogt erwartet heut nicht mehr. Die Wasser
Sind ausgetreten von dem großen Regen
Und alle Brücken hat der Strom zerrissen. *(Tell steht auf.)* 2690
Armgard *(kommt vorwärts)*:
Der Landvogt kommt nicht!
Stüssi: Sucht Ihr was an ihn?
Armgard: Ach, freilich!
Stüssi: Warum stellet Ihr Euch denn
In dieser hohlen Gass ihm in den Weg?
Armgard:
Hier weicht er mir nicht aus, er muss mich hören.
Frießhardt *(kommt eilfertig den Hohlweg herab und ruft in die Szene)*:
Man fahre aus dem Weg – Mein gnädger Herr 2695
Der Landvogt kommt dicht hinter mir geritten.
(Tell geht ab.)
Armgard *(lebhaft)*:
Der Landvogt kommt!
(Sie geht mit ihren Kindern nach der vordern Szene. Geßler und Rudolf der Harras zeigen sich zu Pferd auf der Höhe des Wegs.)
Stüssi *(zum Frießhardt)*: Wie kamt ihr durch das Wasser,
Da doch der Strom die Brücken fortgeführt?
Frießhardt: Wir haben mit dem See gefochten, Freund,
Und fürchten uns vor keinem Alpenwasser. 2700

Stüssi: Ihr wart zu Schiff in dem gewalt'gen Sturm?

Frießhardt: Das waren wir. Mein Lebtag denk ich dran –

Stüssi: O bleibt, erzählt!

Frießhardt: Lasst mich, ich muss voraus,
Den Landvogt muss ich in der Burg verkünden. *(Ab)*

2705 **Stüssi:** Wär'n gute Leute auf dem Schiff gewesen,
In Grund gesunken wär's mit Mann und Maus,
Dem Volk kann weder Wasser bei noch Feuer.
(Er sieht sich um.)
Wo kam der Weidmann hin, mit dem ich sprach?
(Geht ab)
(Geßler und Rudolf der Harras zu Pferd)

Weidmann:
Jäger

Geßler: Sagt, was Ihr wollt, ich bin des Kaisers Diener

2710 Und muss drauf denken, wie ich ihm gefalle.
Er hat mich nicht ins Land geschickt, dem Volk
Zu schmeicheln und ihm sanft zu tun – Gehorsam
Erwartet er, der Streit ist, ob der Bauer
Soll Herr sein in dem Lande oder der Kaiser.

2715 **Armgard:** Jetzt ist der Augenblick! Jetzt bring ich's an!
(Nähert sich furchtsam)

Geßler: Ich hab den Hut nicht aufgesteckt zu Altorf
Des Scherzes wegen oder um die Herzen
Des Volks zu prüfen, diese kenn ich längst.
Ich hab ihn aufgesteckt, dass sie den Nacken

2720 Mir lernen beugen, den sie aufrecht tragen –
Das *Unbequeme* hab ich hingepflanzt
Auf ihren Weg, wo sie vorbeigehn müssen,
Dass sie drauf stoßen mit dem Aug und sich
Erinnern ihres Herrn, den sie vergessen.

Vater:
hier Rudolf I. von
Habsburg, König
des Heiligen
Römischen Reichs
Deutscher Nation
von 1273–1291

Rudolf der Harras:

2725 Das Volk hat aber doch gewisse Rechte –
Geßler: Die abzuwägen, ist jetzt keine Zeit!
– Weitschicht'ge Dinge sind im Werk und Werden,
Das Kaiserhaus will wachsen, was der Vater
Glorreich begonnen, will der Sohn vollenden.

Sohn:
hier Albrecht I.
von Habsburg,
ältester Sohn
Rudolfs I., König
des Heiligen
Römischen Reichs
Deutscher Nation
von 1298–1308

Dies kleine Volk ist uns ein Stein im Weg –   2730
So oder so – Es muss sich unterwerfen.
(Sie wollen vorüber. Die Frau wirft sich vor dem Landvogt
nieder.)
Armgard: Barmherzigkeit, Herr Landvogt! Gnade! Gnade!
Geßler: Was dringt Ihr Euch auf offner Straße mir
In Weg – Zurück!
Armgard: Mein Mann liegt im Gefängnis,
Die armen Waisen schrein nach Brot – Habt Mitleid,   2735
Gestrenger Herr, mit unserm großen Elend.
Rudolf der Harras:
Wer seid Ihr? Wer ist Euer Mann?
Armgard: Ein armer

Wildheuer, guter Herr, vom Rigiberge,
Der überm Abgrund weg das freie Gras
Abmähet von den schroffen Felsenwänden,   2740
Wohin das Vieh sich nicht getraut zu steigen –
Rudolf der Harras *(zum Landvogt)*:
Bei Gott, ein elend und erbärmlich Leben!
Ich bitt Euch, gebt ihn los, den armen Mann,
Was er auch Schweres mag verschuldet haben,
Strafe genug ist sein entsetzlich Handwerk.   2745
(Zu der Frau)
Euch soll Recht werden – Drinnen auf der Burg
Nennt Eure Bitte – Hier ist nicht der Ort.
Armgard: Nein, nein, ich weiche nicht von diesem Platz,
Bis mir der Vogt den Mann zurückgegeben!
Schon in den sechsten Mond liegt er im Turm   2750
Und harret auf den Richterspruch vergebens.
Geßler: Weib, wollt Ihr mir Gewalt antun, hinweg.
Armgard: Gerechtigkeit, Landvogt! Du bist der Richter
Im Lande an des Kaisers statt und Gottes.
Tu deine Pflicht! So du Gerechtigkeit   2755
Vom Himmel hoffest, so erzeig sie uns.
Geßler: Fort, schafft das freche Volk mir aus den Augen.

Wildheuer: Bergbewohner, der kein Land besitzt

in den sechsten Mond: im sechsten Monat

Armgard *(greift in die Zügel des Pferdes)*:
Nein, nein, ich habe nichts mehr zu verlieren.
– Du kommst nicht von der Stelle, Vogt, bis du
2760 Mir Recht gesprochen – Falte deine Stirne,
Rolle die Augen, wie du willst – Wir sind
So grenzenlos unglücklich, dass wir nichts
Nach deinem Zorn mehr fragen –
Geßler: Weib, mach Platz,
Oder mein Ross geht über dich hinweg.
Armgard: Lass es über mich dahingehn – Da –
*(Sie reißt ihre Kinder zu Boden und wirft sich mit ihnen ihm
in den Weg.)*
2765   Hier lieg ich
Mit meinen Kindern – Lass die armen Waisen
Von deines Pferdes Huf zertreten werden,
Es ist das Ärgste nicht, was du getan –
Rudolf der Harras:
Weib, seid Ihr rasend?
Armgard *(heftiger fortfahrend)*: Tratest du doch längst
2770 Das Land des Kaisers unter deine Füße!
– O, ich bin nur ein Weib! Wär ich ein Mann,
Ich wüsste wohl was Besseres als hier
Im Staub zu liegen –
*(Man hört die vorige Musik wieder auf der Höhe des Wegs,
aber gedämpft.)*
Geßler: Wo sind meine Knechte?
Man reiße sie von hinnen oder ich
2775 Vergesse mich und tue, was mich reuet.
Rudolf der Harras:
Die Knechte können nicht hindurch, o Herr,
Der Hohlweg ist gesperrt durch eine Hochzeit.
Geßler: Ein allzu milder Herrscher bin ich noch
Gegen dies Volk – die Zungen sind noch frei,
2780 Es ist noch nicht ganz, wie es soll, gebändigt –
Doch es soll anders werden, ich gelob es,

Ich will ihn brechen, diesen starren Sinn,
Den kecken Geist der Freiheit will ich beugen.
Ein neu Gesetz will ich in diesen Landen
Verkündigen – Ich will –
*(Ein Pfeil durchbohrt ihn, er fährt mit der Hand ans Herz und
will sinken. Mit matter Stimme)* Gott sei mir gnädig!   2785
Rudolf der Harras:
Herr Landvogt – Gott was ist das? Woher kam das?
Armgard *(auffahrend)*:
Mord! Mord! Er taumelt, sinkt! Er ist getroffen!
Mitten ins Herz hat ihn der Pfeil getroffen!
Rudolf der Harras *(springt vom Pferde)*:
Welch grässliches Ereignis – Gott – Herr Ritter –
Ruft die Erbarmung Gottes an – Ihr seid   2790
Ein Mann des Todes! –
Geßler: Das ist Tells Geschoss.
*(Ist vom Pferd herab dem Rudolf Harras in die Arme gegleitet
und wird auf der Bank niedergelassen)*
Tell *(erscheint oben auf der Höhe des Felsen)*:
Du kennst den Schützen, suche keinen andern!
Frei sind die Hütten, sicher ist die Unschuld
Vor dir, du wirst dem Lande nicht mehr schaden.
(Verschwindet von der Höhe. Volk stürzt herein.)
Stüssi *(voran)*: Was gibt es hier? Was hat sich zugetragen?   2795
Armgard:
Der Landvogt ist von einem Pfeil durchschossen.
Volk *(im Hereinstürzen)*:
Wer ist erschossen?
*(Indem die Vordersten von dem Brautzug auf die Szene kom-
men, sind die Hintersten noch auf der Höhe und die Musik
geht fort.)*
Rudolf der Harras: Er verblutet sich.
Fort, schaffet Hilfe! Setzt dem Mörder nach!
– Verlorner Mann, so muss es mit dir enden,
Doch meine Warnung wolltest du nicht hören!   2800

Stüssi: Bei Gott! Da liegt er bleich und ohne Leben!

Viele Stimmen: Wer hat die Tat getan?

Rudolf der Harras: Rast dieses Volk,
Dass es dem Mord Musik macht? Lasst sie schweigen.
(Musik bricht plötzlich ab, es kommt noch mehr Volk nach.)
Herr Landvogt, redet, wenn Ihr könnt – Habt Ihr
Mir nichts mehr zu vertraun?
(Geßler gibt Zeichen mit der Hand, die er mit Heftigkeit wiederholt, da sie nicht gleich verstanden werden.)

2805   Wo soll ich hin?
– Nach Küssnacht? – Ich versteh Euch nicht – O, werdet
Nicht ungeduldig – Lasst das Irdische,
Denkt jetzt, Euch mit dem Himmel zu versöhnen.
(Die ganze Hochzeitsgesellschaft umsteht den Sterbenden mit einem fühllosen Grausen.)

Stüssi: Sieh, wie er bleich wird – Jetzt, jetzt tritt der Tod
2810 Ihm an das Herz – die Augen sind gebrochen.

Armgard *(hebt ein Kind empor)*:
Seht, Kinder, wie ein Wüterich verscheidet!

Rudolf der Harras:
Wahnsinnge Weiber, habt ihr kein Gefühl,
Dass ihr den Blick an diesem Schrecknis weidet?
– Helft – Leget Hand an – Steht mir niemand bei,
2815 Den Schmerzenspfeil ihm aus der Brust zu ziehn?

Weiber *(treten zurück)*:
Wir ihn berühren, welchen Gott geschlagen!

Rudolf der Harras:
Fluch treff euch und Verdammnis!
(Zieht das Schwert)

Stüssi *(fällt ihm in den Arm)*: Wagt es, Herr!
Eur Walten hat ein Ende. Der Tyrann
Des Landes ist gefallen. Wir erdulden
2820 Keine Gewalt mehr. Wir sind freie Menschen.

Alle *(tumultuarisch)*:
Das Land ist frei.

Rudolf der Harras: Ist es dahin gekommen?
Endet die Furcht so schnell und der Gehorsam?
(Zu den Waffenknechten, die hereindringen)
Ihr seht die grausenvolle Tat des Mords,
Die hier geschehen – Hülfe ist umsonst –
Vergeblich ist's, dem Mörder nachzusetzen.   2825
Uns drängen andre Sorgen – Auf, nach Küssnacht,
Dass wir dem Kaiser seine Feste retten!
Denn aufgelöst in diesem Augenblick
Sind aller Ordnung, aller Pflichten Bande
Und keines Mannes Treu ist zu vertrauen.   2830
(Indem er mit den Waffenknechten abgeht, erscheinen sechs
Barmherzige Brüder.)
Armgard:
Platz! Platz! Da kommen die Barmherzgen Brüder.
Stüssi: Das Opfer liegt – Die Raben steigen nieder.
Barmherzige Brüder *(schließen einen Halbkreis um den*
*Toten und singen in tiefem Ton)***:**
> Rasch tritt der Tod den Menschen an,
> Es ist ihm keine Frist gegeben,
> Es stürzt ihn mitten in der Bahn,   2835
> Es reißt ihn fort vom vollen Leben,
> Bereitet oder nicht, zu gehen,
> Er muss vor seinen Richter stehen!

(Indem die letzten Zeilen wiederholt werden, fällt der Vor-
hang.)

Er muss vor
seinen Richter
stehen:
Er muss sich vor
Gott/vor dem
jüngsten Gericht
verantworten.

Fünfter Aufzug

Erste Szene

Öffentlicher Platz bei Altorf

*Im Hintergrunde rechts die Feste Zwing Uri mit dem noch
stehenden Baugerüste wie in der dritten Szene des ersten
Aufzugs; links eine Aussicht in viele Berge hinein, auf welchen
allen Signalfeuer brennen. Es ist eben Tagesanbruch, Glocken
ertönen aus verschiedenen Fernen.*

*Ruodi, Kuoni, Werni, Meister Steinmetz und viele andre
Landleute, auch Weiber und Kinder*

Ruodi: Seht ihr die Feuersignale auf den Bergen?
2840 **Steinmetz:** Hört ihr die Glocken drüben überm Wald?
Ruodi: Die Feinde sind verjagt.
Steinmetz: Die Burgen sind erobert.
Ruodi: Und wir im Lande Uri dulden noch
Auf unserm Boden das Tyrannenschloss?
Sind wir die Letzten, die sich frei erklären?
2845 **Steinmetz:** Das *Joch* soll stehen, das uns zwingen wollte?
Auf, reißt es nieder!
Alle: Nieder! Nieder ! Nieder!
Ruodi: Wo ist der Stier von Uri?
Stier von Uri: Hier. Was soll ich?
Ruodi: Steigt auf die Hochwacht, blast in Euer Horn,
Dass es weit schmetternd in die Berge schalle
2850 Und jedes Echo in den Felsenklüften
Aufweckend schnell die Männer des Gebirgs

Zusammenrufe.
(Stier von Uri geht ab. Walter Fürst kommt.)
Walter Fürst: Haltet, Freunde! Haltet!
Noch fehlt uns Kunde, was in Unterwalden
Und Schwyz geschehen. Lasst uns Boten erst
Erwarten.
Ruodi: Was erwarten? Der Tyrann   2855
Ist tot, der Tag der Freiheit ist erschienen.
Steinmetz: Ist's nicht genug an diesen flammenden Boten,
Die ringsherum auf allen Bergen leuchten?
Ruodi:
Kommt alle, kommt, legt Hand an, Männer und Weiber!
Brecht das Gerüste! Sprengt die Bogen! Reißt   2860
Die Mauern ein! Kein Stein bleib auf dem andern.
Steinmetz: Gesellen, kommt! Wir haben's aufgebaut,
Wir wissens zu zerstören.
Alle: Kommt! Reißt nieder.
(Sie stürzen sich von allen Seiten auf den Bau.)
Walter Fürst:
Es ist im Lauf. Ich kann sie nicht mehr halten.
(Melchthal und Baumgarten kommen.)
Melchthal:
Was? Steht die Burg noch und Schloss Sarnen liegt   2865
In Asche und der Rossberg ist gebrochen?
Walter Fürst:
Seid Ihr es, Melchthal? Bringt Ihr uns die Freiheit?
Sagt! Sind die Lande alle rein vom Feind?
Melchthal *(umarmt ihn)***:**
Rein ist der Boden. Freut Euch, alter Vater!
In diesem Augenblicke, da wir reden,   2870
Ist kein Tyrann mehr in der Schweizer Land.
Walter Fürst:
O sprecht, wie wurdet ihr der Burgen mächtig?
Melchthal: Der Rudenz war es, der das Sarner Schloss
Mit männlich kühner Wagetat gewann,

2875 Den Rossberg hatt ich nachts zuvor erstiegen.
– Doch höret, was geschah. Als wir das Schloss
Vom Feind geleert, nun freudig angezündet,
Die Flamme prasselnd schon zum Himmel schlug,
Da stürzt der Diethelm, Geßlers Bub, hervor

2880 Und ruft, dass die Bruneckerin verbrenne.
Walter Fürst: Gerechter Gott!
(Man hört die Balken des Gerüstes stürzen.)
Melchthal: Sie war es selbst, war heimlich
Hier eingeschlossen auf des Vogts Geheiß.
Rasend erhub sich Rudenz – denn wir hörten
Die Balken schon, die festen Pfosten stürzen

2885 Und aus dem Rauch hervor den Jammerruf
– Der Unglückseligen.
Walter Fürst: Sie ist gerettet?
Melchthal: Da galt Geschwindsein und Entschlossenheit!
– Wär er *nur* unser Edelmann gewesen,
Wir hätten unser Leben wohl geliebt,

2890 Doch er war unser Eidgenoss und Berta
Ehrte das Volk – So setzten wir getrost
Das Leben dran und stürzten in das Feuer.
Walter Fürst: Sie ist gerettet?
Melchthal: Sie ist's. Rudenz und ich,
Wir trugen sie selbander aus den Flammen

2895 Und hinter uns fiel krachend das Gebälk.
– Und jetzt, als sie gerettet sich erkannte,
Die Augen aufschlug zu dem Himmelslicht,
Jetzt stürzte mir der Freiherr an das Herz
Und schweigend ward ein Bündnis jetzt beschworen,

2900 Das fest gehärtet in des Feuers Glut
Bestehen wird in allen Schicksalsproben –
Walter Fürst: Wo ist der Landenberg?
Melchthal: Über den Brünig.
Nicht lag's an mir, dass er das Licht der Augen
Davontrug, der den Vater mir geblendet.

---

*Geßlers Bub:
hier Geßlers
Knecht*

*Bruneckerin:
Berta von
Bruneck*

*selbander:
zu zweit*

*Brünig:
Gebirgspass*

Nach jagt ich ihm, erreicht ihn auf der Flucht   2905
Und riss ihn zu den Füßen meines Vaters.
Geschwungen über ihm war schon das Schwert,
Von der Barmherzigkeit des blinden Greises
Erhielt er flehend das Geschenk des Lebens.

Urfehde:
Schwur, mit dem
auf Rache
verzichtet wird

Urfehde schwur er, nie zurückzukehren,   2910
Er wird sie halten, unsern Arm hat er Gefühlt.
Walter Fürst: Wohl Euch, dass Ihr den reinen Sieg
Mit Blute nicht geschändet!
Kinder (*eilen mit Trümmern des Gerüstes über die Szene*)**:**
Freiheit! Freiheit!
(*Das Horn von Uri wird mit Macht geblasen.*)
Walter Fürst: Seht, welch ein Fest! Des Tages werden sich
Die Kinder spät als Greise noch erinnern.   2915
(*Mädchen bringen den Hut auf einer Stange getragen, die*
ganze Szene füllt sich mit Volk an.)
Ruodi: Hier ist der Hut, dem wir uns beugen mussten.
Baumgarten: Gebt uns Bescheid, was damit werden soll.
Walter Fürst: Gott! Unter diesem Hute stand mein Enkel!
Mehrere Stimmen:
Zerstört das Denkmal der Tyrannenmacht!
Ins Feuer mit ihm!
Walter Fürst: Nein, lasst ihn aufbewahren!   2920
Der Tyrannei musst er zum Werkzeug dienen,
Er soll der Freiheit ewig Zeichen sein!
(*Die Landleute, Männer, Weiber und Kinder stehen und sitzen*
auf den Balken des zerbrochenen Gerüstes malerisch grup-
piert in einem großen Halbkreis umher.)
Melchthal: So stehen wir nun fröhlich auf den Trümmern
Der Tyrannei und herrlich ist's erfüllt,
Was wir im Rütli schwuren, Eidgenossen.   2925
Walter Fürst: Das Werk ist angefangen, nicht vollendet.
Jetzt ist uns Mut und feste Eintracht Not,
Denn seid gewiss, nicht säumen wird der König,

Den Tod zu rächen seines Vogts und den
2930 Vertriebnen mit Gewalt zurückzuführen.
 Melchthal: Er zieh heran mit seiner Heeresmacht,
Ist aus dem Innern doch der Feind verjagt,
Dem Feind von außen wollen wir begegnen.
 Ruodi: Nur wen'ge Pässe öffnen ihm das Land,
2935 Die wollen wir mit unsern Leibern decken.
 Baumgarten: Wir sind vereinigt durch ein ewig Band
Und seine Heere sollen uns nicht schrecken!
(Rösselmann und Stauffacher kommen.)
 Rösselmann *(im Eintreten)*:
Das sind des Himmels furchtbare Gerichte.
 Landleute: Was gibt's?
 Rösselmann: In welchen Zeiten leben wir!
 Walter Fürst:
2940 Sagt an, was ist es? – Ha, seid Ihr's, Herr Werner?
Was bringt Ihr uns?
 Landleute: Was gibt's?
 Rösselmann: Hört und erstaunet!
 Stauffacher: Von einer großen Furcht sind wir befreit –
 Rösselmann: Der Kaiser ist ermordet. Kaiser:
 Walter Fürst: Gnäd'ger Gott! König Albrecht I.
             von Habsburg
(Landleute machen einen Aufstand und umdrängen den
Stauffacher.)
 Alle: Ermordet! Was! Der Kaiser! Hört! Der Kaiser!
2945 **Melchthal:** Nicht möglich! Woher kam Euch diese Kunde?
 Stauffacher: Es ist gewiss. Bei Bruck fiel König Albrecht
Durch Mörders Hand – ein glaubenswerter Mann,
Johannes Müller, bracht es von Schaffhausen.
 Walter Fürst: Wer wagte solche grauenvolle Tat?
2950 **Stauffacher:** Sie wird noch grauenvoller durch den Täter.
Es war sein Neffe, seines Bruders Kind,
Herzog Johann von Schwaben, der's vollbracht.
 Melchthal: Was trieb ihn zu der Tat des Vatermords?

Stauffacher: Der Kaiser hielt das väterliche Erbe
Dem ungeduldig Mahnenden zurück,   2955
Es hieß, er denk ihn ganz darum zu kürzen,
Mit einem Bischofshut ihn abzufinden.
Wie dem auch sei – der Jüngling öffnete
Der Waffenfreunde bösem Rat sein Ohr
Und mit den edeln *Herrn* von *Eschenbach,*   2960
Von *Tegerfelden,* von der *Wart* und *Palm*
Beschloss er, da er Recht nicht konnte finden,
Sich Rach zu holen mit der eignen Hand.

Walter Fürst:
O sprecht, wie ward das Grässliche vollendet?

Stauffacher: Der König ritt herab vom Stein zu Baden,   2965
Gen Rheinfeld, wo die Hofstatt war, zu ziehn,
Mit ihm die Fürsten, *Hans* und *Leopold,*
Und ein Gefolge hochgeborner Herren.
Und als sie kamen an die *Reuß,* wo man
Auf einer Fähre sich lässt übersetzen,   2970
Da drängten sich die Mörder in das Schiff,
Dass sie den Kaiser vom Gefolge trennten.
Drauf, als der Fürst durch ein geackert Feld
Hinreitet – eine alte große Stadt
Soll drunter liegen aus der Heiden Zeit –   2975
Die alte Feste Habsburg im Gesicht,
Wo seines Stammes Hoheit ausgegangen –
Stößt Herzog Hans den Dolch ihm in die Kehle,
Rudolf von Palm durchrennt ihn mit dem Speer
Und Eschenbach zerspaltet ihm das Haupt,   2980
Dass er heruntersinkt in seinem Blut,
Gemordet von den Seinen, *auf* dem Seinen.
Am andern Ufer sahen sie die Tat,
Doch durch den Strom geschieden, konnten sie
Nur ein ohnmächtig Wehgeschrei erheben;   2985
Am Wege aber saß ein armes Weib,
In ihrem Schoß verblutete der Kaiser.

ihn ganz darum
zu kürzen:
es ihm gar nicht
zu geben

Stein zu Baden:
Burg in der Nähe
von Baden

Rheinfeld:
Name einer Burg

Hofstatt:
Ort, an dem sich
der Hof befindet

Melchthal: So hat er nur sein frühes Grab gegraben,
Der unersättlich alles wollte haben!
2990 **Stauffacher:** Ein ungeheurer Schrecken ist im Land umher,
Gesperrt sind alle Pässe des Gebirgs,
Jedweder Stand verwahret seine Grenzen,
Die alte Zürich selbst schloss ihre Tore,
Die dreißig Jahr' lang offen standen, zu,
2995 Die Mörder fürchtend und noch mehr – die Rächer.
Denn mit des Bannes Fluch bewaffnet, kommt
Der Ungarn Königin, die strenge Agnes,
Die nicht die Milde kennet ihres zarten
Geschlechts, des Vaters königliches Blut
3000 Zu rächen an der Mörder ganzem Stamm,
An ihren Knechten, Kindern, Kindeskindern,
Ja an den Steinen ihrer Schlösser selbst.
Geschworen hat sie, ganze Zeugungen
Hinabzusenden in des Vaters Grab,
3005 In Blut sich wie in Maientau zu baden.
Melchthal: Weiß man, wo sich die Mörder hingeflüchtet?
Stauffacher: Sie flohen alsbald nach vollbrachter Tat
Auf fünf verschiednen Straßen auseinander
Und trennten sich, um nie sich mehr zu sehn –
3010 Herzog Johann soll irren im Gebirge.
Walter Fürst: So trägt die Untat ihnen keine Frucht!
Rache trägt keine Frucht! Sich selbst ist sie
Die fürchterliche Nahrung, ihr Genuss
Ist Mord und ihre Sättigung das Grausen.
3015 **Stauffacher:** Den Mördern bringt die Untat nicht Gewinn,
Wir aber brechen mit der reinen Hand
Des blut'gen Frevels segenvolle Frucht.
Denn einer großen Furcht sind wir entledigt,
Gefallen ist der Freiheit größter Feind
3020 Und wie verlautet, wird das Zepter gehn
Aus Habsburgs Haus zu einem andern Stamm,
Das Reich will seine Wahlfreiheit behaupten.

Agnes:
Agnes von
Ungarn (um
1281–1364),
älteste Tochter
von Albrecht I.
von Habsburg

Zeugungen:
Generationen

Walter Fürst und mehrere:
Vernahmt Ihr was?
Stauffacher: Der Graf von Luxemburg
Ist von den mehrsten Stimmen schon bezeichnet.
Walter Fürst:
Wohl uns, dass wir beim Reiche treu gehalten,   3025
Jetzt ist zu hoffen auf Gerechtigkeit!
Stauffacher: Dem neuen Herrn tun tapfre Freunde Not,
Er wird uns schirmen gegen Östreichs Rache.
(Die Landleute umarmen einander.)
(Sigrist mit einem Reichsboten)
Sigrist: Hier sind des Landes würd'ge Oberhäupter.
Rösselmann und mehrere:
Sigrist, was gibt's?
Sigrist: Ein Reichsbot bringt dies Schreiben.   3030
Alle *(zu Walter Fürst)*:

erbrechen:
hier öffnen

Erbrecht und leset.
Walter Fürst *(liest)*: »Den bescheidnen Männern
Von Uri, Schwyz und Unterwalden bietet

Elsbet:
Elisabeth, Witwe
von Albrecht I.
von Habsburg

Die Königin Elsbet Gnad und alles Gutes.«
Viele Stimmen: Was will die Königin? Ihr Reich ist aus.
Walter Fürst *(liest)*:
»In ihrem großen Schmerz und Witwenleid,   3035

Hinscheid:
Tod

Worein der blut'ge Hinscheid ihres Herrn
Die Königin versetzt, gedenkt sie noch
Der alten Treu und Lieb der Schwyzerlande.«
Melchthal: In ihrem Glück hat sie das nie getan.
Rösselmann: Still! Lasset hören!   3040
Walter Fürst *(liest)*:

versieht sich zu:
erwartet von

»Und sie versieht sich zu dem treuen Volk,
Dass es gerechten Abscheu werde tragen
Vor den verfluchten Tätern dieser Tat.
Darum erwartet sie von den drei Landen,

Vorschub tun:
unterstützen

Dass sie den Mördern nimmer Vorschub tun,   3045
Vielmehr getreulich dazu helfen werden,

Sie auszuliefern in des Rächers Hand,
Der Lieb gedenkend und der alten Gunst,
Die sie von Rudolfs Fürstenhaus empfangen.«
(Zeichen des Unwillens unter den Landleuten)

3050 **Viele Stimmen:** Der Lieb und Gunst!
Stauffacher: Wir haben Gunst empfangen von dem Vater,
Doch wessen rühmen wir uns von dem Sohn?
Hat er den Brief der Freiheit uns bestätigt,
Wie *vor* ihm alle Kaiser doch getan?

3055 Hat er gerichtet nach gerechtem Spruch
Und der bedrängten Unschuld Schutz verliehn?
Hat er auch nur die Boten wollen hören,
Die wir in unsrer Angst zu ihm gesendet?
Nicht eins von diesem allen hat der König

3060 An uns getan, und hätten wir nicht selbst
Uns Recht verschafft mit eigner mut'ger Hand,
Ihn rührte unsre Not nicht an – Ihm Dank?
Nicht Dank hat er gesät in diesen Tälern.
Er stand auf einem hohen Platz, er konnte

3065 Ein Vater seiner Völker sein, doch ihm
Gefiel es, nur zu sorgen für die Seinen,
Die er gemehrt hat, mögen um ihn weinen!
Walter Fürst: Wir wollen nicht frohlocken seines Falls,
Nicht des empfangnen Bösen *jetzt* gedenken,

3070 Fern sei's von uns! Doch, dass wir *rächen* sollten
Des Königs Tod, der nie uns Gutes tat,
Und die verfolgen, die uns nie betrübten,
Das ziemt uns nicht und will uns nicht gebühren.
Die Liebe will ein freies Opfer sein,

3075 Der Tod entbindet von erzwungnen Pflichten,
– Ihm haben wir nichts weiter zu entrichten.
Melchthal: Und weint die Königin in ihrer Kammer
Und klagt ihr wilder Schmerz den Himmel an,
So seht ihr hier ein angstbefreites Volk

3080 Zu eben diesem Himmel dankend flehen –

Wer Tränen ernten will, muss Liebe säen.
(Reichsbote geht ab.)
Stauffacher *(zu dem Volk)***:**
Wo ist der Tell? Soll *er* allein uns fehlen,
Der unsrer Freiheit Stifter ist? Das Größte
Hat *er* getan, das Härteste erduldet.
Kommt alle, kommt, nach seinem Haus zu wallen,   3085
Und rufet Heil dem Retter von uns allen.
(Alle gehen ab.)

Zweite Szene

Tells Hausflur

Ein Feuer brennt auf dem Herd. Die offen stehende Türe zeigt ins Freie.

Hedwig. Walter und Wilhelm

Hedwig: Heut kommt der Vater. Kinder, liebe Kinder!
Er lebt, ist frei und wir sind frei und alles!
Und euer Vater ist's, der's Land gerettet.
Walter: Und ich bin auch dabei gewesen, Mutter!   3090
Mich muss man auch mit nennen. Vaters Pfeil
Ging mir am Leben hart vorbei und ich
Hab nicht gezittert.
Hedwig *(umarmt ihn)***:** Ja, du bist mir wieder
Gegeben! Zweimal hab ich dich geboren!
Zweimal litt ich den Mutterschmerz um dich!   3095
Es ist vorbei – Ich hab euch beide, beide!
Und heute kommt der liebe Vater wieder!
(Ein Mönch erscheint an der Haustüre.)
Wilhelm:
Sieh, Mutter, sieh – dort steht ein frommer Bruder,
Gewiss wird er um eine Gabe flehn.

3100 **Hedwig:** Führ ihn herein, damit wir ihn erquicken,
Er fühlt's, dass er ins Freudenhaus gekommen.
(Geht hinein und kommt bald mit einem Becher wieder)
Wilhelm *(zum Mönch)*:
Kommt, guter Mann. Die Mutter will Euch laben.
Walter:
Kommt, ruht Euch aus und geht gestärkt von dannen.
Mönch *(scheu umherblickend, mit zerstörten Zügen)*:
Wo bin ich? Saget an, in welchem Lande?
3105 **Walter:** Seid Ihr verirret, dass Ihr das nicht wisst?
Ihr seid zu Bürglen, Herr, im Lande Uri,
Wo man hineingeht in das Schächental.
Mönch *(zur Hedwig, welche zurückkommt)*:
Seid Ihr allein? Ist Euer Herr zu Hause?
Hedwig: Ich erwart ihn eben – doch was ist Euch, Mann?
3110 Ihr seht nicht aus, als ob Ihr Gutes brächtet.
– Wer Ihr auch seid, Ihr seid bedürftig, nehmt!
(Reicht ihm den Becher)
Mönch:
Wie auch mein lechzend Herz nach Labung schmachtet,
Nichts rühr ich an, bis Ihr mir zugesagt –
Hedwig: Berührt mein Kleid nicht, tretet mir nicht nah,
3115 Bleibt ferne stehn, wenn ich Euch hören soll.
Mönch: Bei diesem Feuer, das hier gastlich lodert,
Bei Eurer Kinder teurem Haupt, das ich
Umfasse – *(Ergreift die Knaben)*
Hedwig: Mann, was sinnet Ihr? Zurück
Von meinen Kindern!– Ihr seid kein Mönch! Ihr seid
3120 Es nicht! Der Friede wohnt in diesem Kleide,
In Euren Zügen wohnt der Friede nicht.
Mönch: Ich bin der unglückseligste der Menschen.
Hedwig: Das Unglück spricht gewaltig zu dem Herzen,
Doch Euer Blick schnürt mir das Innre zu.
Walter *(aufspringend)*:
Mutter, der Vater! *(Eilt hinaus)*

Hedwig: O mein Gott!

(Will nach, zittert und hält sich an)

Wilhelm *(eilt nach)*:   Der Vater!   3125

Walter *(draußen)*: Da bist du wieder!

Wilhelm *(draußen)*:   Vater, lieber Vater!

Tell *(draußen)*: Da bin ich wieder – Wo ist eure Mutter?

(Treten herein)

Walter: Da steht sie an der Tür und kann nicht weiter,

So zittert sie für Schrecken und für Freude.

Tell: O Hedwig, Hedwig! Mutter meiner Kinder!   3130

Gott hat geholfen – Uns trennt kein Tyrann mehr.

Hedwig *(an seinem Halse)*:

O Tell! Tell! Welche Angst litt ich um dich!

(Mönch wird aufmerksam.)

Tell: Vergiss sie jetzt und lebe nur der Freude!

Da bin ich wieder! Das ist meine Hütte!

Ich stehe wieder auf dem Meinigen!   3135

Wilhelm: Wo aber hast du deine Armbrust, Vater?

Ich seh sie nicht.

Tell: Du wirst sie nie mehr sehn.

An heil'ger Stätte ist sie aufbewahrt,

Sie wird hinfort zu keiner Jagd mehr dienen.

Hedwig: O Tell! Tell! *(Tritt zurück, lässt seine Hand los)*

Tell: Was erschreckt dich, liebes Weib?   3140

Hedwig: Wie – *wie* kommst du mir wieder? – Diese Hand

– Darf ich sie fassen? – Diese Hand – O Gott!

Tell *(herzlich und mutig)*:

Hat euch verteidigt und das Land gerettet,

Ich darf sie frei hinauf zum Himmel heben.

(Mönch macht eine rasche Bewegung, er erblickt ihn.)

Wer ist der Bruder hier?

Hedwig: Ach, ich vergaß ihn!   3145

Sprich du mit ihm, mir graut in seiner Nähe.

Mönch *(tritt näher)*:

Seid Ihr der Tell, durch den der Landvogt fiel?

Tell: Der bin ich, ich verberg es keinem Menschen.

Mönch: Ihr seid der Tell! Ach, es ist Gottes Hand,

3150 Die unter Euer Dach mich hat geführt.

Tell *(misst ihn mit den Augen)*:

Ihr seid kein Mönch! Wer seid Ihr?

Mönch: Ihr erschlugt

Den Landvogt, der Euch Böses tat – Auch ich

Hab einen Feind erschlagen, der mir Recht

Versagte – Er war Euer Feind wie meiner –

Ich hab das Land von ihm befreit.

3155 **Tell** *(zurückfahrend)*: Ihr seid –

Entsetzen! – Kinder! Kinder geht hinein.

Geh, liebes Weib! Geh! Geh! – Unglücklicher,

Ihr wäret –

Hedwig: Gott, wer ist es?

Tell: Frage nicht!

Fort! Fort! Die Kinder dürfen es nicht hören.

3160 Geh aus dem Hause – Weit hinweg – Du darfst

Nicht unter *einem* Dach mit diesem wohnen.

Hedwig:

Weh mir, was ist das? Kommt!

(Geht mit den Kindern)

Tell *(zu dem Mönch)*: Ihr seid der Herzog

Von Österreich – Ihr seid's! Ihr habt den Kaiser

Erschlagen, Euern Ohm und Herrn.

Johannes Parricida: Er war

Der Räuber meines Erbes.

3165 **Tell:** Euern Ohm

Erschlagen, Euern Kaiser! Und Euch trägt

Die Erde noch! Euch leuchtet noch die Sonne!

Parricida: Tell, hört mich, eh Ihr –

Tell: Von dem Blute triefend

Des Vatermordes und des Kaisermords,

3170 Wagst du zu treten in mein reines Haus,

Du wagsts, dein Antlitz einem guten Menschen
Zu zeigen und das Gastrecht zu begehren?
Parricida: Bei Euch hofft ich Barmherzigkeit zu finden,
Auch Ihr nahmt Rach an Euerm Feind.
Tell: Unglücklicher!
Darfst du der Ehrsucht blut'ge Schuld vermengen   3175
Mit der gerechten Notwehr eines Vaters?
Hast du der Kinder liebes Haupt verteidigt?
Des Herdes Heiligtum beschützt? das Schrecklichste,
Das Letzte von den Deinen abgewehrt?
– Zum Himmel heb ich meine reinen Hände,   3180
Verfluche dich und deine Tat – Gerächt
Hab ich die heilige Natur, die *du*
Geschändet – Nichts teil ich mit dir – Gemordet
Hast *du, ich* hab mein Teuerstes verteidigt.
Parricida:
Ihr stoßt mich von Euch, trostlos, in Verzweiflung?   3185
Tell: Mich fasst ein Grausen, da ich mit dir rede.
Fort! Wandle deine fürchterliche Straße,
Lass rein die Hütte, wo die Unschuld wohnt.
Parricida *(wendet sich zu gehen)*:
So *kann* ich und so *will* ich nicht mehr leben!
Tell: Und doch erbarmt mich deiner – Gott des Himmels!   3190
So jung, von solchem adeligen Stamm,
Der Enkel Rudolfs, meines Herrn und Kaisers,
Als Mörder flüchtig, hier an meiner Schwelle,
Des armen Mannes, flehend und verzweifelnd –
(Verhüllt sich das Gesicht)
Parricida: O, wenn Ihr weinen könnt, lasst mein Geschick   3195
Euch jammern, es ist fürchterlich – Ich bin
Ein Fürst – ich *war's* – ich konnte glücklich werden,
Wenn ich der Wünsche Ungeduld bezwang.
Der Neid zernagte mir das Herz – Ich sah
Die Jugend meines Vetters Leopold   3200
Gekrönt mit Ehre und mit Land belohnt

Und mich, der gleiches Alters mit ihm war,
In sklavischer Unmündigkeit gehalten –
Tell: Unglücklicher, wohl kannte dich dein Ohm,
3205 Da er dir Land und Leute weigerte!
Du selbst mit rascher, wilder Wahnsinnstat
Rechtfertigst furchtbar seinen weisen Schluss.
– Wo sind die blut'gen Helfer deines Mords?
Parricida: Wohin die Rachegeister sie geführt,
3210 Ich sah sie seit der Unglückstat nicht wieder.
Tell: Weißt du, dass dich die Acht verfolgt, dass du
Dem Freund verboten und dem Feind erlaubt? Acht:
Verbannung
Parricida: Darum vermeid ich alle offne Straßen,
An keine Hütte wag ich anzupochen –
3215 Der Wüste kehr ich meine Schritte zu, Wüste:
hier Einsamkeit
Mein eignes Schrecknis, irr ich durch die Berge
Und fahre schaudernd vor mir selbst zurück,
Zeigt mir ein Bach mein unglückselig Bild.
O wenn Ihr Mitleid fühlt und Menschlichkeit –
(Fällt vor ihm nieder)
3220 **Tell** *(abgewendet)*: Steht auf! Steht auf!
Parricida: Nicht, bis Ihr mir die Hand gereicht zur Hülfe.
Tell: Kann ich Euch helfen? Kann's ein Mensch der Sünde?
Doch stehet auf – Was Ihr auch Grässliches
Verübt – Ihr seid ein Mensch – Ich bin es auch –
3225 Vom Tell soll keiner ungetröstet scheiden –
Was ich vermag, das will ich tun.
Parricida *(aufspringend und seine Hand mit Heftigkeit*
ergreifend): O Tell!
Ihr rettet meine Seele von Verzweiflung.
Tell: Lasst meine Hand los – Ihr müsst fort. Hier könnt
Ihr unentdeckt nicht bleiben, könnt entdeckt
3230 Auf Schutz nicht rechnen – Wo gedenkt Ihr hin?
Wo hofft Ihr Ruh zu finden?
Parricida: Weiß ich's? Ach!

Tell: Hört, was mir Gott ins Herz gibt – Ihr müsst fort
Ins Land Italien, nach Sankt Peters Stadt,
Dort werft Ihr Euch dem Papst zu Füßen, beichtet
Ihm Eure Schuld und löset Eure Seele.   3235

Sankt Peters Stadt: Rom

Parricida: Wird er mich nicht dem Rächer überliefern?

Tell: Was er Euch tut, das nehmet an von Gott.

Parricida: Wie komm ich in das unbekannte Land?
Ich bin des Wegs nicht kundig, wage nicht
Zu Wanderern die Schritte zu gesellen.   3240

Tell: Den Weg will ich Euch nennen, merket wohl!
Ihr steigt hinauf, dem Strom der *Reuß* entgegen,
Die wildes Laufes von dem Berge stürzt –

Parricida *(erschrickt)*:
Seh ich die Reuß? Sie floss bei meiner Tat.

Tell: Am Abgrund geht der Weg und viele *Kreuze*   3245
Bezeichnen ihn, errichtet zum Gedächtnis
Der Wanderer, die die Lawin begraben.

Parricida: Ich fürchte nicht die Schrecken der Natur,
Wenn ich des Herzens wilde Qualen zähme.

Tell: Vor jedem Kreuze fallet hin und büßet   3250
Mit heißen Reuetränen Eure Schuld –
Und seid Ihr glücklich durch die Schreckensstraße,
Sendet der Berg nicht seine Windeswehen,
Auf Euch herab von dem beeisten Joch,
So kommt Ihr auf die *Brücke*, welche *stäubet.*   3255
Wenn sie nicht einbricht unter Eurer Schuld,
Wenn Ihr sie glücklich hinter Euch gelassen,
So reißt ein schwarzes *Felsentor* sich auf,
Kein Tag hat's noch erhellt – da geht Ihr durch,
Es führt Euch in ein heitres *Tal* der Freude –   3260
Doch schnellen Schritts müsst Ihr vorübereilen,
Ihr dürft nicht weilen, wo die Ruhe wohnt.

Joch: hier Gebirgspass

welche stäubet: die von Wassernebel umhüllt ist

Parricida: O Rudolf! Rudolf! Königlicher Ahn!
So zieht dein Enkel ein auf deines Reiches Boden!

3265 **Tell:** So immer steigend kommt Ihr auf die Höhen
Des *Gotthards,* wo die ew'gen *Seen* sind,
Die von des Himmels Strömen selbst sich füllen.
Dort nehmt Ihr Abschied von der deutschen Erde
Und muntern Laufs führt Euch ein andrer Strom
3270 Ins Land Italien hinab, Euch das gelobte –
(Man hört den Kuhreihen von vielen Alphörnern geblasen.)
Ich höre Stimmen. Fort!
Hedwig *(eilt herein)*: Wo bist du, Tell?
Der Vater kommt! Es nahn in frohem Zug
Die Eidgenossen alle –
Parricida *(verhüllt sich)*: Wehe mir!
Ich darf nicht weilen bei den Glücklichen.
3275 **Tell:** Geh, liebes Weib. Erfrische diesen Mann,
Belad ihn reich mit Gaben, denn sein Weg
Ist weit und keine Herberg findet er.
Eile! Sie nahn.
Hedwig: Wer ist es?
Tell: Forsche nicht!
Und wenn er geht, so wende deine Augen,
3280 Dass sie nicht sehen, welchen Weg er wandelt!
*(Parricida geht auf den Tell zu mit einer raschen Bewegung,
dieser aber bedeutet ihn mit der Hand und geht. Wenn beide
zu verschiedenen Seiten abgegangen, verändert sich der
Schauplatz, und man sieht in der*

bedeutet ihn mit der Hand: macht mit der Hand eine abweisende Geste

Letzten Szene

*den ganzen Talgrund vor Tells Wohnung, nebst den Anhöhen,
welche ihn einschließen, mit Landleuten besetzt, welche sich
zu einem Ganzen gruppieren. Andre kommen über einen
hohen Steg, der über den Schächen führt, gezogen. Walter
Fürst mit den beiden Knaben, Melchthal und Stauffacher
kommen vorwärts, andre drängen nach; wie Tell heraustritt,
empfangen ihn alle mit lautem Frohlocken.)*

Schächen: Name eines Flusses

Alle: Es lebe Tell! der Schütz und der Erretter!
(Indem sich die vordersten um den Tell drängen und ihn
umarmen, erscheinen noch Rudenz und Berta, jener die
Landleute, diese die Hedwig umarmend. Die Musik vom
Berge begleitet diese stumme Szene. Wenn sie geendigt, tritt
Berta in die Mitte des Volks.)
Berta: Landleute! Eidgenossen! Nehmt mich auf
In euern Bund, die erste Glückliche,
Die Schutz gefunden in der Freiheit Land.
In eure tapfre Hand leg ich mein Recht,   3285
Wollt ihr als eure Bürgerin mich schützen?
Landleute: Das wollen wir mit Gut und Blut.
Berta: Wohlan!
So reich ich diesem Jüngling meine Rechte,
Die freie Schweizerin dem freien Mann!
Rudenz: Und frei erklär ich alle meine Knechte.   3290
(Indem die Musik von Neuem rasch einfällt, fällt der Vor-
hang.)

Sachinformationen

Absolutismus und Französische Revolution

Bis zum Ausbruch der Französischen Revolution im Jahr 1789 war der Absolutismus die vorherrschende Staatsform in Europa. Ein berühmter und herausragender Vertreter des Absolutismus war der französische Herrscher Ludwig XIV., der 1661 an die Macht kam und auch »Sonnenkönig« genannt wurde. Wie eine Sonne, um die alle Planeten kreisen, wollte er im Mittelpunkt seines Staates stehen. An dessen Spitze regierte Ludwig XIV. »von Gottes Gnaden« und hatte die alleinige Macht im Staat. Zahlreiche andere europäische Staaten nahmen sich den französischen Absolutismus zum Vorbild. Die Gesellschaft war in 1. Stand (Klerus, Bischöfe, Äbte etc.), 2. Stand (Adel) und 3. Stand (Bauern und Bürger) gegliedert. Jeder Mensch hatte seinen festen, von Gott vorgegebenen Platz in der Gesellschaft. Ab 1715 regierte in Frankreich König Ludwig XV., unter dessen Herrschaft Menschen willkürlich verurteilt und Gegner gefoltert und ermordet wurden. Das Volk musste sowohl für die Kosten der Kirchenvertreter aufkommen als auch für die des Adels, der an den Fürstenhöfen prunkvoll und verschwenderisch lebte.

Mit der Aufklärung – einer geistigen Strömung im 18. Jahrhundert – wurde die »gottgegebene« Macht der absolutistischen Herrscher zunehmend infrage gestellt. Der Mensch sollte religiöse Festlegungen nicht mehr einfach akzeptieren und stattdessen mithilfe seines Verstandes selbst Erkenntnisse gewinnen. Die Vertreter der Aufklärung setzten sich mit der Frage auseinander, wie man ein gutes gesellschaftliches Zusammenleben entwickeln könnte. Viele Denker gingen davon aus, dass der Mensch »von Natur aus« frei und mit unveräußerlichen Rechten ausgestattet sei. Der französische Schriftsteller Voltaire (1694–1778), ein bedeutender Vertreter der Aufklärung, war der Ansicht, dass jeder Mensch ein Recht auf Glück und Freiheit sowie körperliche Unversehrtheit habe. Ein gerechter Herrscher müsse deshalb den Schutz dieser Grundrechte garantieren. Dank der Ideen der Aufklärung reformierten einige Herrscher ihre Staaten und machten ihren Bürgern Zugeständnisse, z. B. indem sie Religionsfreiheit garantierten. Dennoch war die Mitbestimmung des sogenannten 3. Standes weiterhin stark eingeschränkt. Herausragende Vertreter dieses aufgeklärten Absolutismus waren Friedrich II. (1712–1786), König von Preußen, sowie Herzog Karl August (1757–1828) von Sachsen-Weimar, in dessen Staat Kunst und Wissenschaft gefördert wurden.

Die Ideen der europäischen Aufklärer wurden vor allem von den Bürgern Frankreichs aufgegriffen, die mehr Mitbestimmungsrecht forderten und gegen Unterdrückung und Bevormundung aufbegehrten. Freiheit, Gleichheit und Brüderlichkeit – so der Leitspruch der Französischen Revolution von 1789 – sollten das Zusammenleben der Menschen kennzeichnen. Die Aufklärung bereitete die Revolution zwar gedanklich vor, doch wurde sie letztlich durch eine staatliche Finanzkrise ausgelöst. Wegen geringer Steuereinnahmen, eines harten Winters und schlechter Ernten war der Staat hoch verschuldet. Die Bevölkerung litt mehr als sonst unter Hunger und Armut. Mit Hilfe neuer Steuergesetze sollten die Schulden zu Lasten des 3. Standes beglichen werden. Dessen Vertreter aber wehrten sich gegen die ungleiche Lastenverteilung und verlangten mehr Möglichkeiten zur politischen Mitbestimmung. Da der König ihren Forderungen nicht nachkam, bildeten sie die »Nationalversammlung«, in der sie für ihre Rechte eintraten. Es kam zu Aufständen und zur Erstürmung des Gefängnisses Bastille, in dem Gegner des Königs eingesperrt worden waren. Die »Nationalversammlung« beschloss, mit den alten Vorrechten der Adligen und Kirchenvertreter zu brechen. Mit der Verabschiedung der »Menschen- und Bürgerrechte« sollte nun alle Macht in die Hände des Volkes gelegt werden. Außerdem wurde eine konstitutionelle Monarchie geschaffen, in der der König nur zusammen mit einem Parlament, d. h. einer Volksvertretung, regieren durfte.

Ein Jahr später aber scheiterte diese Regierungsform bereits. Der König wurde abgesetzt und Frankreich zur Republik erklärt. Als Ludwig XVI. 1793 von den Jakobinern, einer Gruppe von radikal gesinnten Revolutionären, öffentlich hingerichtet wurde, führte dies zu einer ablehnenden Haltung vieler Menschen in Europa gegenüber der Französischen Revolution. Nach der Ermordung des französischen Königs übernahmen die Jakobiner die Macht. Mit der massenhaften Hinrichtung ihrer Gegner begann die sogenannte »Schreckensherrschaft«. Gestürzt wurde die Revolutionsregierung schließlich 1799 durch Napoleon (1769–1821), der sich mit einem Staatsstreich an die Macht brachte und die Revolution für beendet erklärte.

Literatur

Gombrich, Ernst H.: Eine kurze Weltgeschichte für junge Leser. Köln: DuMont 2011.

Mai, Manfred: Deutsche Geschichte. Von den Anfängen bis heute oder wie aus germanischen Halbwilden Europäer wurden. Hamburg: Carlsen 2011.

Parigger, Harald: Die Französische Revolution oder der Preis der Freiheit. Würzburg: Arena 2012.

Menschenbild und Freiheitsbegriff in der Aufklärung

Als Zeitalter der Aufklärung wird eine Epoche im 18. Jahrhundert bezeichnet, in der in Europa alte Denkmuster hinterfragt und neue Sichtweisen auf die Freiheit und das Zusammenleben der Menschen entwickelt wurden. Mit der Aufklärung wurden religiöse Festlegungen in Zweifel gezogen und damit auch die »gottgegebene« Macht der Herrscher. Der Mensch sollte Erkenntnisse gewinnen, indem er Gebrauch von seinem Verstand machte. Im Zuge dieses Umdenkens wurden verschiedene Ansichten über die »Natur« oder den »Charakter« des Menschen vertreten. Davon ausgehend überlegte man, wie man gesellschaftliches Zusammenleben gestalten könnte. Ein führender Vertreter der Aufklärung war der Engländer Thomas Hobbes (1588–1679). Er vertrat in seinem Hauptwerk *Leviathan* (1651) die Ansicht: »[…] der Zustand der Menschen [ist] […] ein Krieg aller gegen alle« (Hobbes, in: Pfister 2011, S. 90 f.). Jeder verfolge nur seine eigenen Interessen, die er, wenn nötig, auch gewaltsam durchsetzen würde. Deswegen brauche man einen absoluten Herrscher, da nur dieser die Sicherheit der Menschen gewährleisten könne.

Im Gegensatz zu Hobbes sah der englische Philosoph John Locke (1632–1704) in seinem Werk *Über die Regierung* (1689) den Menschen als grundsätzlich friedvolles Wesen an. Er vertrat die Ansicht, dass den Menschen »von Natur aus« bestimmte Rechte zustünden (Locke 2003, S. 4 f.). Der Staat habe die Aufgabe, das Eigentum der Menschen und damit die Freiheit der Bürger zu bewahren. Greife jemand gewaltsam in diese »natürlichen Rechte« ein, dürfe sich der Mensch gegen eine solche Willkürherrschaft wehren.

Mit der Frage, wie die Freiheit des Menschen geschützt werden kann, beschäftigte sich auch der Schweizer Philosoph Jean-Jacques Rousseau (1712–1778). Auch er vertrat in seinem Werk *Der Gesellschaftsvertrag oder die Grundsätze des Staatsrechts* (1762) ein positives Menschenbild. Die Menschen seien ursprünglich frei, gleich und gut. Allerdings würden sie durch die unterschiedliche Bildung von Eigentum und die damit verbundene Ungerechtigkeit ihre Freiheit einbüßen: »Der Mensch ist frei geboren, und überall liegt er in Ketten« (Rousseau, in: Pfister 2011, S. 97). Rousseau entwickelt daher die Idee eines Gemeinwillens, der alle unterschiedlichen Interessen im Sinne des Allgemeinwohls und im Unterschied zu Einzelinteressen bündelt. In der von ihm entworfenen idealen Demokratie müssen die Beteiligten einen Gesellschaftsvertrag abschließen, in dem sich der Einzelne diesem Gemeinwillen unterwirft.

Auch der deutsche Philosoph Immanuel Kant (1724–1804) gehörte zu den führenden Köpfen der Aufklärung. Er setzte sich in seinen Schriften mit den Gedanken von Hobbes, Locke und Rousseau auseinander und ging in seinem Denken von einem grundsätzlich zur Vernunft fähigen Menschen aus. Laut Kant ist der Mensch dann frei, wenn er von der Vernunft gesteuert handelt und dabei auch die Freiheit seiner Mitmenschen respektiert: »Handle nur nach derjenigen Maxime, durch die du zugleich wollen kannst, dass sie ein allgemeines Gesetz werde« (Kant, in: Pfister 2011, S. 108). Der Philosoph entwarf in seinem Werk *Zum ewigen Frieden* (1795) die Vorstellung einer Weltgemeinschaft von freien und aufgeklärten Menschen, die mit Hilfe der Fähigkeiten der Vernunft ihr Zusammenleben gestalten.

Literatur

Locke, John: Über die Regierung. Stuttgart: Reclam 2003.

Mai, Manfred: Deutsche Geschichte.
Weinheim, Basel: Beltz & Gelberg 2014.

Peters, Jörg: Kant & Co. im Interview. Fiktive Gespräche mit Philosophen über ihre Theorien. Stuttgart: Reclam 2009.

Pfister, Jonas: Klassische Texte der Philosophie. Ein Lesebuch.
Stuttgart: Reclam 2011.

Schulz-Reiss, Christine: Nachgefragt: Philosophie. Basiswissen zum Mitreden. Bindlach: Loewe 2010.

Zimmermann, Martin (Hrsg.): Allgemeinbildung Weltgeschichte.
Das muss man wissen. Würzburg: Arena 2007.

Zitelmann, Arnulf: Nur dass ich ein Mensch sei. Die Lebensgeschichte des Immanuel Kant. Weinheim: Beltz & Gelberg 2009.

Der Schweizer Befreiungskampf und
die Figur des Wilhelm Tell

Ende des 13. Jahrhunderts übernahm das österreichische Adelsgeschlecht der Habsburger mit König Rudolf I. (1218–1291) die Macht im Heiligen Römischen Reich Deutscher Nation. Dieser Herrschaftsbereich umfasste weite Teile Mitteleuropas und damit auch der heutigen Zentralschweiz. Das schweizerische Gebiet war für das österreichische Königshaus deswegen von besonderem Interesse, weil es über wichtige Handelswege verfügte. In seinem Reichsgebiet ließ Habsburg seine Macht durch Vögte vertreten, die Verwaltungsaufgaben übernahmen und als oberste Richter auch für die Rechtsprechung im Land zuständig waren. Außerdem wurde Land an Adelige, wohlhabende Bauern oder Bürger verliehen – als sogenanntes Lehen –, um die Grundherren durch Abgaben und Dienstleistungen an das österreichische Königshaus zu binden. Gegen die Beschränkung ihrer Freiräume setzten sich die Schweizer zunehmend zur Wehr und versuchten ihre Unabhängigkeit zu behaupten. Einzelne Talgemeinden – später Kantone genannt – strebten die sogenannte »Reichsfreiheit« an, bei der man sich auf eine zugestandene alte Freiheit berief. Wer »Reichsfreiheit« genoss, unterstand unmittelbar dem Kaiser und verfügte über eine eigene Gerichtsbarkeit. Diese Unabhängigkeit wurde durch einen »kaiserlichen Freiheitsbrief« garantiert. Bereits 1231 war dem Kanton Uri »Reichsfreiheit« zugestanden worden. Auch Schwyz wurde 1240 ein »Freiheitsbrief« ausgestellt, allerdings stand der Kanton weiterhin unter habsburgischer Gerichtshoheit. Der Kanton Nidwalden – später mit Obwalden zu Unterwalden zusammengefasst – wurde erst Anfang des 14. Jahrhunderts »reichsfrei«. Diese drei »Urkantone« schlossen sich 1291 zu einem Friedensbund zusammen, um ihre Interessen gegen die Macht der Habsburger – nun mit König Albrecht I. (1255–1308) an der Spitze – zu verteidigen. Man versprach sich Unterstützung bei drohender Gewalt und verpflichtete sich dazu, den Anweisungen rechtmäßiger Herrscher Folge zu leisten. Dieser sogenannten »Eidgenossenschaft« schlossen sich im Laufe der Zeit immer mehr Gebiete an. Immer wieder mussten die Bündnispartner im Laufe der Geschichte ihre Unabhängigkeit verteidigen. Erst am Ende des Dreißigjährigen Krieges, 1648, wurde sie durch die anderen europäischen Mächte anerkannt.

1798 wurde die Souveränität (= die staatliche Selbstbestimmung) der »Eidgenossenschaft« durch den Einmarsch französischer Truppen unter der Führung Napoleons (1769–1821) vorübergehend aufgehoben. Beeinflusst von den Ideen der Französischen Revolution wurde dort die »Helvetische Republik« ausgerufen, die die Macht der weltlichen und kirchlichen Vertreter zugunsten einer zentral organisierten Macht einschränkte. Als »Helvetische Republik« hatte die damalige Schweiz zum ersten Mal eine Regierung mit einem Parlament. Das Volk bestand auch aus Bürgern, von denen zumindest die Männer ab 20 Jahren wahlberechtigt waren, wenn auch eingeschränkt durch das Prinzip von Wahlmännern. Gegen die Einheitsverfassung der »Helvetischen Republik« setzten sich jedoch die »Urkantone« zur Wehr, sodass dem Land die Spaltung durch Gegner und Befürworter der neuen Staatsordnung drohte. Im Laufe der Zeit wurde die Macht wieder mehr in die Hände der Kantone verlagert, wodurch ihre Position wieder gestärkt wurde. Das führte schließlich 1803 zur Abschaffung der »Helvetischen Republik«. Im Zuge der Neuordnung Europas im Wiener Kongress wurden der Schweiz 1815 Unabhängigkeit und die Unverletzlichkeit ihres Gebietes zugesichert.

Mit ihrem Nationalfeiertag am 1. August erinnert die heutige Schweiz an den Schwur der »Eidgenossen« von 1291, der zum schweizerischen Gründungsmythos geworden ist. Im Rahmen dieses Mythos spielt auch die Figur des Wilhelm Tell eine wichtige Rolle. Diese beruht auf einer Sage, die ursprünglich in Dänemark angesiedelt war und die mündlich und schriftlich überliefert worden ist. Darin geht es um einen Meisterschützen namens Toko, der für seine Schießkunst berühmt ist und von einem Herrscher gezwungen wird, einen Apfel von dem Kopf seines Kindes zu schießen. Der Herrscher wird später von Toko ermordet. Einem Wilhelm Tell zugeschrieben wurde die Geschichte das erste Mal im *Weißen Buch von Sarnen* (1470–1474). Auch in das Werk *Chronicon Helveticum* des Schweizers Aegidius Tschudi (1505–1572), das die Geschichte der Schweizer Eidgenossenschaft dokumentiert, wurde die Sage über den Meisterschützen Tell aufgenommen. Dass Wilhelm Tell wirklich gelebt hat, konnte bis heute nicht nachgewiesen werden.

Literatur

Reinhardt, Volker: Kleine Geschichte der Schweiz. München: Beck 2010.

Suppanz, Franz: Friedrich Schiller. Wilhelm Tell. Erläuterungen und Dokumente. Stuttgart: Reclam 2005.

Der Vierwaldstättersee – Historische Karte

Widerstandsrecht

Seit der Antike haben sich die Menschen darüber Gedanken gemacht, wie sie einen Staat organisieren und ihr Zusammenleben gestalten können. Dabei wurde immer wieder auch die Frage gestellt, wie mit ungerechten Herrschern umgegangen werden kann und ob und in welcher Form der Mensch das Recht hat, sich gegen diese zu wehren.

Im Zeitalter der Aufklärung wurden Herrschaftsstrukturen »von Gottes Gnaden« zunehmend angezweifelt. Der Mensch sollte von seiner Vernunft Gebrauch machen und sein Verhalten ausschließlich nach ihr ausrichten. »Habe Mut, dich deines eigenen Verstandes zu bedienen!«, forderte der Philosoph Immanuel Kant (1724–1804), einer der wichtigsten Vertreter der Aufklärung.

Im Zuge dieses Umdenkens wurde auch ungerechte Herrschaft nicht mehr als »gottgegeben« hingenommen, sondern kritisch hinterfragt. Nach zwei wichtigen Denkrichtungen dieser Zeit soll Herrschaft im Idealfall auf einer Vereinbarung zwischen Herrscher und Untertanen beruhen. In der Vorstellung des englischen Philosophen John Locke (1632–1704) stünden dem Menschen »von Natur aus« bestimmte Rechte zu. Der Staat habe die Aufgabe, das Eigentum der Menschen und damit die Freiheit der Bürger zu bewahren. Greife jemand gewaltsam in diese natürlichen Rechte ein, werde also das Eigentum und damit die Freiheit nicht mehr geschützt, dürfe sich der Mensch gegen eine solche Willkürherrschaft wehren, so John Locke in seinem Werk *Über die Regierung* (1689). Hierbei unterscheidet der Philosoph vier Anlässe für einen gewaltsamen Widerstand: Eroberung, Usurpation (= widerrechtliche Inbesitznahme), Tyrannis (= von einem Tyrannen ausgeübte Herrschaft) und Auflösung der Regierung (Locke 2003, S. 134 ff.). Der jeweilige Vertrauensbruch des Herrschers berechtige das Volk dazu, Widerstand zu leisten (ebd., S. 151 ff.).

Jean-Jacques Rousseau (1712–1778) vertritt in seinem Werk *Der Gesellschaftsvertrag oder die Grundsätze des politischen Rechts* (1762) die Ansicht, dass die Menschen ursprünglich frei, gleich und gut seien. Der von Natur aus freie Mensch könne nur durch Vereinbarung an einen Staat gebunden sein: »Dieses Recht entspringt jedoch keineswegs der Natur; es beruht folglich auf Verträgen« (Rousseau 2012, S. 15). Werde einem Volk widerrechtlich diese Freiheit genommen, so habe es das Recht, sich dagegen zur Wehr zu setzen.

Literatur

Kant, Immanuel: Beantwortung der Frage: Was ist Aufklärung? Stuttgart: Reclam 2010.

Llanque, Marcus: Geschichte der politischen Ideen. Von der Antike bis zur Gegenwart. München: Beck 2012.

Locke, John: Über die Regierung. Stuttgart: Reclam 2003.

Ottmann, Henning: Geschichte des politischen Denkens. Band 3: Neuzeit. Teilband 1: Von Machiavelli bis zu den großen Revolutionen. Stuttgart, Weimar: Metzler 2006.

Jean-Jacques Rousseau: Der Gesellschaftsvertrag oder Grundsätze des politischen Rechts. Köln: Anaconda 2012.

Schulz-Reiss, Christine: Nachgefragt: Philosophie. Basiswissen zum Mitreden. Bindlach: Loewe 2010.